왜
사랑하고
헤어질까
?

왜 사랑하고 헤어질까?

남녀가 꼭 알아야 할 99가지

박평식

신아출판사

당신이 믿지 않아도 내가 사랑하는 수니에게.

못 미덥고 망설이다 나를 택한 지 17년째..
당신 말에 의하면 어찌될지 모르지만 여차하면 남은 인생도 나와
함께 하겠네.

자꾸 나를 원망하고
자꾸 나를 미워하고
화를 내는 당신을 보자면.

문득 당신이 동반자인지
문득 나는 당신을 떠나는 생각이 들고
지기 싫어 같이 화내는 나도 싫어지고.

"당신의 얼굴은 나로 인함이다."라면서 되돌아보고
"내 탓이요"라며 참아도 보지만,
우리 미래의 행복보단 그러지 아니한 날이 많아질까 급해지고.

그래도
당신이 있어

애들은 자라고,
광주 엄마는 살아가고.
그래서
나에겐 당신이 우렁이각시고.

집에서
당신만 중심을 잡는 것 같아서
또 그 책임에 힘들어 하는 당신에게 미안하고.

당신의 희생, 이젠 조금 내려놓아도 탓할 사람은 없어.
.
.
.

당신은 "엄마가 행복해야 애들도 가정도 행복하다."고 했었지.

그런데
애들과 내가 못해 주는,
아니 못 따라가는 부분이 있어.
이 점만 인정하면 당신,
충분히 많이 행복해질 수 있어.

어쩌면
속으로만 삼켰을지 모를 당신의 분노가
크다고 해도,
어쩌면
이미 넘쳐버린 당신의 짐을
옆의 곁들 모두가 보고 웃고만 있어도,
애들과 나는
평생
거들지 못할
당신만의 슬픔이겠단 생각이 들고.

그러기에
당신이 짠하고.

당신 혼자
속상해 하고
당신 혼자
눈물 흘리는 모습에.

나도 애들 몰래
타버린 당신의 마음에 절한 후,

단내 나는 당신의 긴 호흡 한 점을 얹어
못 먹는 술 한잔을 하고.

하지만
아무리 생각에 생각을 더해도..

냉혹하게도
'당신의 행복찾기는 당신의 몫'

그럼에도..
(누가 시키지도 않지만 내몰리듯,)
오늘도
무릎 꿇지 않는 당신.
당신 말에 의하면 어찌될지 모르지만 여차하면 남은 인생도 나와
함께 하겠네..

.. 이 책을 사랑하는 아내, 수니에게 바칩니다.

2017. 3.

〈추천사〉

　인간의 역사에서 수많은 물음표들이 느낌표로 답을 찾아왔지만, 여전히 물음표 투성이인 것이 있다면 남녀 간의 사랑과 이별이 아닐까 생각합니다. 남자와 여자는 사랑할 때는 자석의 서로 다른 극이 달라붙는 것처럼 친밀하다가도 헤어질 때는 같은 극끼리 어긋나는 것처럼 멀어지게 됩니다.
　저 역시 결혼생활 30년이 되도록 아내의 마음을 잘 헤아리지 못해 무심하고 어리석은 남자라고 타박을 받을 때가 많습니다.
　수많은 문학작품들이 가장 많이 다뤄온 소재가 '사랑과 이별'인 이유는 그 속에 무궁무진한 이야기가 담겨 있기 때문이 아닐까요? 그 이야기들은 너무도 복잡다단하고 미묘하고 심오하여 질서 있게 정리하기가 어려운 일인 것 같습니다.
　이 풀기 어려운 숙제에 도전한 분이 바로 박평식 원장입니다. 이번에 펴낸 《왜 사랑하고 헤어질까? - 남녀가 꼭 알아야 할 99가지》에서는 사랑하는 남녀가 마음을 다치지 않고 슬기롭게 관계를 이어나갈 수 있는 일종의 공식을 제시하고 있습니다.

 저를 비롯한 많은 독자들께서 책을 읽어 내려갈수록 남녀관계에서 꽤 많은 부분을 놓치고 있다는 사실을 알게 되실 것입니다. 급격한 사회·문화의 변화에 따른 가족 개념과 결혼관의 변화, 양성평등 사회로의 진전 등 우리가 살고 있는 현실 속에서 99가지를 알고 실천하는 것은 배우자와 가정을 위한 것을 넘어, 나 자신의 성숙함과 발전을 위한 것이라는 사실까지 깨닫게 될 것입니다.

 저자인 박 원장은 산부인과 전문의로서 여성의 육체적인 문제뿐만 아니라 정신적 측면의 치료도 상당히 중요하게 생각하면서 진료하는 분입니다. 언론에 성 칼럼을 고정 집필하면서 깊이 있는 시각으로 남녀 간의 문제를 다루기도 했습니다.

 이번에 발간된 책을 통해 많은 남녀들 사이에서 일어나는 여러 가지 문제들을 푸는 열쇠를 찾게 되길 바랍니다.

 감사합니다.

대한의사협회 회장 추무진

CONTENTS

추천사 ___ 10
저자가 직접 말하는 서평 ___ 14
프롤로그 ___ 17

제1장 너무나 다르게 살아온 남과 여

1장을 시작하며 ___ 25
원시시대로부터 내려온 남녀의 차이 ___ 27
너무나도 다른 남녀 ___ 33
사랑이란? 남녀가 바라보는… ___ 43
여성, 사랑밖에 난 몰라 vs 남성, 사랑은 지나가는 정거장 ___ 47
남녀에게 대화란? ___ 52
연애의 시작과 이별의 징조 ___ 61
결혼은 잘못된 만남? ___ 66
남녀가 생각하는 결혼의 조건 ___ 73
이상적인 결혼이란? ___ 78
부부 갈등은 필연적 ___ 84
남녀가 느끼는 스트레스는 같을까? ___ 89

제2장 결국엔 사랑이 남는다

101 ___ 2장을 시작하며
106 ___ 서로 알아가기
124 ___ 서로 이해하기
138 ___ 갈등 고리 끊기
163 ___ 애들 문제는 어떻게?
177 ___ 화났을 때 대화 스킬^{skill}
194 ___ 서로 사랑하기
208 ___ 헤어지려는 부부에게
215 ___ 행복한 가정을 위하여

222 ___ 에필로그
234 ___ 색인

〈저자가 직접 말하는 서평〉

 남녀 간의 싸움은 잦을 수밖에 없다. 사랑하는 사이라도 말이다. 이 책은 남녀 사이 본능적인 차이점을 꿰뚫고 해결책을 독자에게 하나씩 말하려 한다. 여자는 남자에게서 아빠의 자상함을 보려 하고, 남자는 여자에게서 엄마의 사랑만을 찾는다면 그 만남은 오래가지 못할 것이다.

 이 책은 '원시시대 때 남자의 가장 큰 본능은 사냥이었고, 여자의 가장 큰 본능은 남자에게 보호받는 것이었다.'란 것과 '그 본능이 지금도 이어지고 있다.'란 전제 하에 남녀의 차이를 설명한다. 사랑하는 사이라도 싸움이 되풀이되는 원인은 남녀가 추구하고 생각하는 점이 180도 다른, '오랜 본능'이 몸속에 남아 있기 때문일 것이다.
 즉 남자들의 머릿속은 온통 '사회생활과 성취욕'으로 가득차 있지만, 여자들의 가슴속에 타오르는 것은 '가족과의 행복'뿐이기에 남편의 도전과 아내의 가정 사이에서 마찰을 부른다.

 가정에 문제가 있을 때에도 남편은 빨리 결정을 내리고 빨리 끝내기를 원하지만, 아내는 많은 대화를 통해서 문제 해결에 접근하고자 한다. 이러한 대화 방식의 차이는 종종 부부싸움의 방아쇠가 된다. 이 책에서는 이 같은 이유를 원시시대부터 남자들은 속전속결의 공격과 방어가 몸에 배어 있어서 그렇고, 여자들은 남자에게 의존하는 성향이 남아있기 때문이라고 설명한다.

'여자는 수다로 피곤함을 잊어버리지만 남자는 대화 후에는 피곤함을 느낀다.' 이 책에서는 이유를 남자들은 대화할 때 긴장하기 때문이라고 해석했다. 원시시대 때 사냥터에서 집중했던 버릇이 일상생활에서도 남아 있기에 그렇다는 것이다. 반면 여자들이 가벼운 마음으로 대화가 가능한 이유는 남자들처럼 목숨걸고 몰입해야 했던 그런 긴박한 상황을 체험하지 않았기 때문이라 했다.

또한 이 책은 '안타깝게도 가정에는 남편의 호기심을 자극할 만한 것이 거의 없다.'고 말한다. 한편 아내의 생각은 '남편의 일이나 자신의 일이 가정보다 소중할 수는 없다.'라 한다. '여자들이 원하는 인생의 큰 가치는 행복한 가정이기에 남편이 가정에 소홀히 한다면 아내는 밤 새워 부부싸움을 할 수 있지만, 남편은 다음날 사냥(=일)하는 것이 더 중요했기 때문에 문제가 해결이 안 되더라도 대화를 길게 하질 못한다.'고 했다.

이렇듯 부부 갈등이 반복될 수밖에 없는 이유는 서로가 다른 곳을 보고 있기 때문이다. 즉 아내는 가정생활을 기준으로 남편을 판단하지만, 남편은 자신의 일을 중심으로 행동한다.

끝으로 이 책은 '남자들은 자신에게 거의 모든 걸 바라기만 하는 여자에게는 거부감을 갖는다.'고 했다. '남자의 가장 큰 바람은 사회적 성공인데 여자의 요구만 들어줄 수가 없기 때문이고, 아내가 남편을 향한 지나친 관심을 다른 거에도 나눈다면 남편은 아내의 부담에서 가벼워질 수 있다.'라고 했다.

한편 '아내들은 가사노동이나 자식의 교육문제 등을 거의 혼자 해 나가는 것에 대해 상당한 불만을 가지고 있으며, 자발적으로 가사를 도와주지 않는 남편을 이해할 수가 없다.'고 했다. '만약 남편이 아내를 조금만 도와주더라도 부부싸움은 훨씬 줄어들 것'이라고 부부 갈등의 해결책을 제시한다.

이처럼 혼인 서약의 다짐만으로는 부부 관계를 잘 유지하기가 버거워 보인다. 더구나 숭고한 '아가페적 사랑'은 주로 한쪽의 희생만을 가리키는 바, 서로 다른 욕구가 강한 이성異性 사이에서는 처음부터 불가능한 숙제였음이리라.[1] 그러므로 서로를 조금씩 이해하도록 노력해야 할 것이다.

〈프롤로그〉

 남녀의 관계는 우주인과 지구인 관계라고나 할까요? 그만큼 서로를 이해하지 못하는 거리에 있습니다. 표현이 너무 심했나요? 자, 보세요. 가정에 불만인 아내의 말입니다.

 "결혼 생활이 지루하고 행복하지 않아요. 직장은 둘 다 다니는데도 집안일을 나만 하는 것 같아 속상하구요. 요즘엔 남편이 날 여자로 대해주지도 않는 것 같아 눈물이 납니다. 계속 짜증만 나고 이거 우울증인가요?"

 그런데 남편의 불만은 많이 다르네요.

 "내가 돈만 벌어다 주는 기계인가? 이런 생각이 들면 문득 슬퍼져요. 애들 교육에 내 결정 권한은 하나도 없고, 일하고 집에 들어와도 마땅히 쉴 공간도 없어요. 결혼이 이런 거였다니 허탈합니다."

 위의 불만을 들여다보면 부부가 서로 다른 스트레스와 다른 이야기를 하고 있습니다. 아내는 남편과 가정을 말하는데, 남편은 일과 자신을 말하네요. 이렇듯 관심이 다르니 불만도 다른 거지요.[2] 왜 남녀 간에, 아니 부부 사이인데도 관심이 다를까요?

아내들은 내 남편이 연애 때와 많이 달라졌다고 합니다. 적극적인 그가 결혼 후엔 소극적으로 행동하고, 나를 먼저 생각하고 나를 걱정해주던 그이가 이젠 자신만을 생각하는 이기적인 사람이 됐다고들 합니다. 원래 그런 남자였는데 내가 잘못 봤는지, 남편과 자주 다투다 보니 결혼 생활이 힘들다 합니다.

'내 남편은 친구와는 사이좋고 바깥 활동도 마음껏 하는데, 왜 가정엔 무관심하고 집안일에는 손도 안 댈까?'

자꾸 남들 가정하고 비교만 되고 거울에 비친 자신의 초라한 모습에 삶의 의욕도 많이 꺾입니다. 같이 부부 상담을 받아보자고 하면 자긴 남편 역할을 충실히 했고 문제가 없다며 거부합니다.

우울증은 남성에 비해 여성에 훨씬 많다는 논문을 굳이 언급하지 않더라도 우리 아내들은 몸소 알고 있는 현실입니다. 대화를 하려 하면 피하기만 하는 남편, 참다못해 화를 내면 바로 나가버리는 남편, 집안 청소나 아침 준비엔 아예 거들떠보지도 않는 남편. 모든 게 아내를 우울하게 만듭니다.

자신이 관심 있어 하는 거에는 곧잘 하는 남편은 왜 집에만 들어오면 힘들어 하고 피곤하다 할까요? 아내와는 무엇을 할까 고민해 보지도 않고, 같이 뭘 해 보자 말만 하면 왜 싫고 귀찮아할까요? 우린 언제까지 이런 부부 문제를 참고 살아야 할까요? 바쁜 세상 서로 힘들게 하지 말고 각자 알아서 사는 게 정답일까요? 그래도 쇼윈도 부부는 싸울 일도 줄어드니 좋다고 만족해야 할까요?

누구를 좋아하는 사람에게 "왜 좋아?"라 물으면, 흔히들 이런 답이 나옵니다.

"그냥 좋아."

지금 뭐 하고 있는지 누군가가 자꾸 떠오른다면 그 누구를 사랑하고 있는 거겠지요. 당신은 어떻습니까? 배우자 생각을 하루에 몇 번이나 하나요? 지금 당신의 남편, 당신의 아내와 같은 공간에 있다면, "응. 같이 있어서 좋아."라는 말을 당신은 들을 수 있습니까?

새로운 것을 접한다는 것은 항상 흥미롭습니다. 그러나 옆의 배우자나 오래된 연인은 새롭지가 않죠. 식어버린 관계, 과연 다시 시작할 수 있을까요? 연애 때 느꼈던 설렘을 다시 느낄 수 있을까요?

이제는 상대방의 존재가 고통이 돼 버린 연인들에게 이 책을 권합니다. 배우자에게 기쁨을 주는 게 아니라 슬픔만을 주게 되고, 서로에게 희망을 주는 게 아니라 상대로 인해 자신까지 파괴되는 그런 관계라면 헤어짐을 준비할 때입니다. 그런데 그 전에 한 번만 더 고민해 보십시오. 상대의 잘못이 아무리 크다 하더라도 진정 나의 욕심, 나의 잘못은 없었을까요? 상대가 이해해 주기를 바라고 상대의 반성은 원했지만 내가 먼저 상대를 안아준 적은, 먼저 사랑한다고 말했던 적은 몇 번이었던가요?

남편들에게 물었습니다.
"아내가 가장 사랑스러울 때는 언제인가요?"

망설이지 않고, "새벽에 들어왔는데 아내가 자고 있을 때.", "아내가 친정 간다고 말할 때."라고 말했습니다. 아내에게 구속받고 있다는 생각에서 나옴 직한 답변입니다.

이번엔 같은 내용으로 아내들에게 물었습니다.

"언제 남편이 사랑스럽나요?"

대다수 아줌마들은, "사랑은 뭔.."

그래서 다시 물었습니다.

"그렇다면 남편에게 바라는 점은?"

아내들의 한결같은 답은 "집안일을 알아서 도와주면 좋겠어요.", "내가 하자는 대로만 했으면.."라고 말했습니다.

아내를 따라 주는 남편은 드물고, 남편을 그냥 놔두는 아내도 드물다는 풍자 한 토막입니다.

부부에게는 서로가 가장 쉬운 상대이기 때문에 다른 사람에게는 못할 막말을 하곤 합니다.3 또한 다른 사람에게는 바라지도 않을 일을 쉽게 요구하고 부부 간의 기본적인 예의를 잊어버리곤 하죠. 다른 사람이 그만큼 노력했으면 들어줄 약속도 지키지 않는 경우가 허다합니다.

만약 당신의 배우자가 싫다면, 또 앞으로도 그럴 것 같다면 그건 당신이 더 이상 배우자를 사랑하고 있지 않기 때문일 것입니다. 왜 배우자에 대한 사랑이 식었을까요? 바로 배우자에 대한 실망이 컸기 때문입니다. 그러나 그러한 실망의 대부분은 배우자의 잘못보다는 배우자에 대한 이해가 부족했기 때문이었다는 것을 아십니까?

사랑했기에 결혼은 했어도, 남남이 만나 한집에서 산다는 것은 많은 이해심이 요구됩니다. 당신이 배우자와 헤어질 게 아니라면 이제부터라도 당신은 배우자의 있는 그대로를 인정하고 맞춰나갈 생각도 해야 합니다. 왜냐하면 부부는 타인인데다 남녀라는 본질적 차이까지 존재하므로, 당신이 평생의 친구관계를 유지하는 것 이상으로 더한 노력이 필요하기 때문이지요.

남녀 간의 차이를 잘 극복하지 못한다면 항상 갈등을 겪게 되지만, 서로 이해하고 조율한다면 사랑 이상의 끈으로 두 사람은 융화될 수 있습니다. 부부는 살면서 몇 번 위기를 겪기도 하고 이혼도 하지만, 그 고비를 잘 넘기면서 살고 있는 가정 또한 많습니다.

자, 이제 당신의 눈에는 배우자의 미운 점만 보입니다. 어디서부터 잘못되었을까요? 그렇게 사랑했건만 이제는 한 공간에서 같이 숨 쉬는 것조차 힘이 드네요. 만약 당신의 기분이 이와 같다면 당신은 이 책을 잘 선택한 것입니다. 상대에게 푸념만을 늘어놓았던 자신을 뒤돌아보는 계기가 될 것입니다.

지금 배우자와 아무런 문제가 없다 하더라도 앞으로 다가올 수도 있는 위기를 생각한다면 역시 당신에게 많은 도움을 줄 것입니다. 그리고 아직은 이성을 사귀고 있지 않은 남녀일지라도, 당신이 여자를 사로잡고 싶거나 남자를 잘 이해하고 싶다면 이 책을 권하고 싶습니다.

남자의 사랑은 속도를 내면 금방 목표지점에 도달할 수 있다. 반면 여자는 목표에 도달하기까지 시간이 걸린다. 사랑이 식을 때도

'행복한 가정'은 서로 모순되는 부부간의 주장을 얼마나 조화롭게 처리할 수 있냐에 따라 달려 있다. 애초에 결혼이란? 이기심 많고 자~ 이타적이면서도 보 불완전한 결합이다.

제1장

너무나 다르게 살아온 남과 여

옳고 그름을 구분 짓고 싶어하는 남편의 대화법과 관심과 동의가 주목적인 아내의 대화법은 평행으로 달리는 철로와도 같다.

1장을 시작하며 -

　지금 '한 쌍의 남녀가 같이 길을 걷고 있다'고 해 보자. 이때 건장한 다른 남자가 이쪽으로 오고 있다면 여자만 그 다른 남자를 쳐다본다. 이유는 이렇다. 원시시대 때부터 강한 남자에게 선택받고 싶은 본능이 지금까지도 여자의 무의식에 잠재해 있기 때문이고, 남자가 쳐다보지 않는 이유는 그 다른 남자가 호기심의 대상이 아니었기 때문이다. 남자들은 예로부터 승리하고 쟁취하는 데만 큰 관심을 가져왔다.
　이번에는 그 한 쌍의 남녀 앞으로 섹시한 여자 한 명이 걸어온다. 이때는 남녀 모두가 그 여자를 쳐다본다. 여자는 경쟁자가 나타났기 때문이고, 남자가 쳐다본 이유는 원시시대 그 이전부터 내려온 자손 번식의 본능이 발동되었기 때문이다.

　태어나고 죽는 것이 법칙이듯이 생존을 위해서 먹고 번식하는 것도 변하지 않는 동물의 본성本性이다. 이 본성의 세계(의식 + 무의식)에서 각각의 동물에 맞게 진화된 무의식적인 습관이 본능本能이다. 그리고 이 본능은 유전되며 태어날 때부터 이미 갖추게 된다. 이러한 본능은 오랫동안 고착되어 잘 뽑히지 않는다.

동물의 세계를 보자. 지구상 최고의 킬러인 사자는 집단 사냥을 하기 때문에 암컷들로 이루어진 무리만으로도 생존에는 문제가 없지만, 수컷을 무리 안에 참여시킴으로써 다른 무리의 공격으로부터 안정적인 방어 태세를 갖춘다. 말미잘과 집게는 서로 공생함으로써 자신의 약점을 가리고 더 나은 이로움을 얻는다. 이렇듯 오랜 기간에 터득한 경험은 대를 이어서 본능이 된다. 그리고 본능은 생존에 맞게 진화한다.

첫 미팅에 뚱뚱하고 못생긴 여자도 여성스럽게 보이려 립스틱을 바르고 나가고, 키가 작고 마른 남자도 처음 만난 여자에게 남자답게 보이려 노력한다. 바로 본능이 시키는 대로 하기 때문이다.

그렇다면 본능이 태어난 시대로 가 보자. 그 시대엔 남녀는 어떻게 달랐을까?

원시시대로부터 내려온 남녀의 차이

생물의 공통된 근원적 본능은 '생존'이며 모든 동식물은 환경에 맞게 적응하며 살고 있다. 일개미나 일벌은 죽도록 일만하고 여왕개미나 여왕벌은 죽도록 알만 낳는다. 사람들의 생존 방식은 좀더 복잡할 뿐이지 원론적으로 '생존을 위한 남녀 간에 역할 분담'이 이루어진다.

남자를 이해하는 키워드는 '사냥'과 '휴식'이다.[5] 현 인류가 등장한 때는 최소 몇 백만 년 전, 그 이후 대부분의 세월 동안 남자들도 (동물들이 그러하듯) 먹잇감을 찾다가 좀 쉬고 또 사냥에 나섰던 게 그들의 무한 루프 infinite loop 일생였다. 지금은 젊을 땐 열심히 일하고 늙어서는 여행을 떠나 세상 구경을 하고픈 게 남자들의 로망이다.

여자를 이해하는 키워드는 '의존'과 '가족'이다.[6] 남자에 비해 불리한 체격 조건이다 보니 원시시대부터 남성에 의지해 자신과 가족의 생존을 보장받고 싶었던 게 여자들의 본능이었다. 현재 여성들의 황혼 이혼 요구가 많다는 건 그때가 남편으로부터 재산분할 등, 경제적으로 독립하기에 적절한 시점이고 자식들도 이젠 엄마의 손이 거의 필요치 않는 시기이기 때문이다.

"변화"와 "안정" 사이의 파열음'

남자들은 돌발적 상황이 시시각각 벌어지는 사냥터에 적응해야 했고, 한편 여자들은 보호받는 생활이 중단되는 게 두려웠을 테다. 현재도 남자들의 가장 큰 화두issue는 조직 사회에서 인정받는 거지만, 여성들이 평가하는 모범적인 배우자 상像은 가족을 위해 살아 주는 남편이다.

맞벌이를 하는 부부든 그렇지 않든, 남편의 삶의 방향은 사회로 향해 있고 아내의 주 근거지는 가정이다.[7] 우리 부부는 말이 안 통한다? 당신 부부만 그런 게 아니다. 수백만 년간 남녀가 다르게 살아왔던 방식은 DNA에 프린팅printing되어 '서로 다른 본능'을 남겼다. 사회가 아무리 변해도 본능의 큰 틀은 쉽게 바뀌지 않는다.

남자들은 성공 하나만으로도 쉼 없이 달릴 수 있고 성취의 단 맛은 그 무엇과도 바꿀 수가 없지만, 여자들은 자신이 사랑 받고 온전히 보호받고 있다고 느낄 때 가장 큰 행복으로 여기며 살아간다.[8]

* 그런데 성취욕이나 사랑에 대한 갈망이 영원한 건 아니다. 남성이든 여성이든 어느 누구도 '생존이란 근원적 본능을 넘어설 수 없다.' 즉 생존이 절대 불변할 전략목표라면 남성들의 일이나 성취욕, 그리고 여성들의 가정이나 의존성은 선택 가능한 전술 차원이다. 상황에 따라 househusband전업 남편가 생겨난 것처럼 부부의 역할 바꾸기도 가능하며, 꿈을 포기하고 가정을 운명처럼 받아들였던 아내들도 불행과 생존

의 기로에선 의지가 꺾이고 이별을 준비하곤 한다. 그러나 사회가 발전하고 분화되면서 생긴 이런 현상은 인류의 긴 역사 속에서 보자면 최근 일이며, 아직 남녀의 원초적 본능을 바꿀만한 기세는 결코 아니다.

 현 인류의 조상이나 다른 종인 유인원 모두 영장류에 속한다. 침팬지나 오랑우탄 같은 유인원도 거의 서서 걸을 수 있으며 앞발로 물건을 잡을 수 있다. 나무를 타고 나무 위에서 주로 생활했던 영장류가 평형을 유지하려 노력하면서, 또는 손발을 다 사용함으로써, 생각을 관장하는 대뇌도 커지기 시작한다. 그런데 유인원은 현 인류처럼 진화하지 못했다. 영장류는 수천만 년 그렇게 살다가 수백만 년 전 인류의 조상만이 나무에서 내려온다. 바로 오스트랄로피테쿠스다.
 땅에서 생활하기 시작한 인류 조상들의 첫 번째 선택은 기어다니는 것보단 방어와 생존 전략 차원에서 서서 다니는 것이었고, 이는 넓은 시야를 확보하는 데 유리했다. 본격적으로 두 발로 걷자 두 손은 더 자유로워지고 걷고 뛸 때의 충격은 한편으론 뇌를 자극시킨다. 어느새 원시인들은 적극적으로 도구를 개량하고 이용하면서 지능은 더욱 발달되지만, 한편으론 나무가 우거진 밀림보단 앞뒤로 튄 초원에서 여기저기 맹수들에 노출된다. 신체적으로 빠르지도 강하지도 않았던 원시인의 조상들이 몇 천만 년 전 나무에 올라갔듯, 이번에는 원시인들 사이에서 생존을 위한 남녀 간의 역할 분담이 이루어진다. 암수 모두 먹이 사냥을 했던 짐승들에 비해서 원시인들은 거의 온전히 자식들을 챙길 수 있었으며 사냥에만 집중할 수 있었다. 그 후로 남녀의 차이는 더욱더 벌어진다.

그럼에도 불구하고 '원시 남녀의 인류 최초 협업collaboration 정신'은 유효하며, 현재 인류는 공격성이 성취욕으로, 의존 상태에서 동반자 관계로 차츰 진화 중이다.

'행복한 가정'은 서로 모순되는 부부 간의 주장을 얼마나 조화롭게 처리할 수 있냐에 따라 달려 있다. 애초에 결혼이란? 이기심 많고 자유롭고 싶은 남성과 이타적이면서도 보호받고 싶은 여성 간의 불완전한 결합이다.9 하지만 성性과 자식이란 존재가 서로 다른 두 이성 간의 틈새를 메웠으며, 결혼의 제도화는 가정과 사회의 안정에 최소한의 바탕이 되었다.

* 남편은 책임감으로, 아내는 의무감으로 산다.

\# 남편은 아침부터 몸이 피곤하다. 천근만근 같아서 한 발짝도 못 움직일 것 같다. 요즘은 일에 대한 중압감으로 마음까지 지쳐 있다. 그러나 출근은 해야 한다. 세수를 하고 밥도 잘 챙겨 먹어야 한다. '오늘은 안 나가면 안 되나?', '오늘은 다 잊고 애들처럼 쉬고 싶다'라는 생각이 자꾸만 든다. 그렇지만 애들의 뽀뽀에 힘을 얻고 길을 나선다.

살다 보면 잘 풀릴 날도 있고 힘들 때도 있다. 그런데 '과연 내가 집안의 버팀목이 될 수 있을까?', '일 년 후 아니, 한 달 후에도 안정적인 수입을 아내에게 가져다 줄 수 있을까?' 하는 생각이 자주 드는 건 왜일까? 자신감은 갈수록 떨어져 간다. 퇴근 후에 뜻 맞은 동료들과 술 한잔 했다.

\# 아내는 요즘 너무 우울하다. 기운이 처지고 의욕이 없다. 어제 밤에 애들 과제물 챙겨주느라 잠을 늦게 잤다. 그래도 남편보다 먼저 눈을 떠야 한다. 아침밥을 준비하고 애들을 학교에 보내야 한다. 내가 한 밥이지만 밥맛이 없다. 아니 잘 넘어가질 않는다. 요즘에는 드라마 속 슬픈 장면만 보면 자꾸 눈물이 난다. 예전에는 이러지 않았는데 나도 내가 변해가고 있다는 것을 안다. 그래서 더욱 슬프다.

며칠 전 폐암으로 사망한 연예인 소식을 접했다. 요즘에는 방송을 통해 간간히 40~50대 남자의 갑작스러운 심장마비 소식도 들려온다. 그럴수록 아내는 남편이 걱정된다. 신혼 초부터 금연하라고 말했던 게 벌써 10년이 넘어간다. 없는 돈이지만 남편을 위해서 보약 한 재를 짓기로 했다.

왜 사랑하고 헤어질까

너무나도 다른 남녀

 남자아이가 태어나면 우스갯소리라도 외모를 보고선 "이놈 장가는 잘 갈 수 있을까?"라고 말하는 부모는 없다. 그러나 딸아이가 태어나면 '예쁘게 키워야지.'하고 다짐한다. 심지어 딸이 예쁘면 '누가 유괴나 하지 않을까?'라며 걱정하는 부모들도 있다.

 우리는 왜 사내아이가 태어나면 씩씩하게 키우려 하고 여자아이가 태어나면 예쁘게 키우려고 할까? 그건 부모들의 본능에 따름이다. 원시시대 때부터 남자는 씩씩해야 경쟁에서 이길 수가 있었고, 여자는 예뻐야 능력 있는 남편을 만날 수가 있었기 때문이다. 지금도 남자들은 성취감을 맛볼 수만 있다면 그곳에 자신의 에너지를 쏟으려 하고, 대다수의 여자들 역시 자신의 얼굴과 몸을 가꾸는 데에 돈 쓰는 걸 당연시한다.

 생존을 위해서 남성에게 가장 발달된 것은 '승리'란 DNA다. 약육강식의 세계에서 이겨야 살 수 있었다. 지금도 남성들에겐 WINNER가 되고 정상에 오르고 싶은 본능이 잠재해 있다. 때때로 남편을 향한 아내의 명령조 말투는 그들을 자극시킨다.[10]

'누가 감히 그것도 힘없는 여자가 나에게 명령을 한단 말인가.'

원시시대 이후 남성들의 힘에 대한 우월감은 현재도 다른 얼굴을 하고선 사회생활 전반에 배어 있다.

* 부부싸움 후 화해의 바람은 주로 아내 쪽에서 불어온다. 화해 시도를 위해 아내가 다가오는 그것도 남편들은 '또 잔소리'로 여겨서 그렇지 실상은 아내가 좀더 적극적이다. 아주 오래전부터 여성들은 아내로서, 엄마로서 가족을 관리하는 가정PLANNER였다. 가정 내 규율과 역할까지 조율하고 분배하려 한다. 이는 종종 다른 선택지를 가린 채 순종만을 요구하기도 해, 가족 간의 마찰을 부르곤 한다.

여성의 생존을 위해서 가장 최적화된 본능은 '의존'이란 DNA다. 남편의 도움으로 자신과 가족을 지키고자 하는 본능은 아내의 무의식을 지배하고 이는 곧 아내가 행하는 거의 모든 집안일에 스며든다. 여성들의 최대 관심은 사랑이고 그녀들은 늙어서도 여자이고 싶어한다. 그 이유는 남성으로부터 보호받을 수 있는 최선의 방법은 '사랑을 주고받는 것'이고 가장 효과적인 수단이 '여성성女性性'이기 때문이다.

한편 생존은 사랑보다 상위 개념이다. 선진국일수록 이혼율이 높다는 게 이를 증명한다. 이렇듯 살아갈 길이 보인다면 남편의 손을 놓을 수 있다. 그런데 역으로 생각해 보면 남편이 싫어도 경제적 문제가 해결이 안 된다면 남편과 같이 살아갈 수밖에 없다는 의미도 내포한다.

즉 여성들에게도 자신과 애들의 생존이 우선이란 점이고 남성에 의존하는 원시시대 때의 본능은 아직도 굳건하다는 뜻이기도 하다.

서로 다른 관심사

여자들은 연애프로나 연예인에게 관심이 많다. 여자들은 '사랑 받는 것'이 인생의 큰 행복이기에, 많은 사람들에게 사랑받고 있는 유명 연예인은 여자들에게 동경의 대상이기도 하다.(아이돌 스타의 팬들이 주로 소녀들이라는 건 결코 우연이 아니다.) 그러기에 여자들은 남녀 간의 사랑 이야기나 연예인의 사생활이 궁금하다.

반면 남자들이 세상에 태어난 가장 큰 이유는 '쟁취하기 위해서'라고 해도 과언이 아니다. 원시시대부터 지키거나 얻어내야지만 자신과 자손의 미래를 보장받을 수 있었기 때문이다. 현재 남자들이 서로 경쟁하는 스포츠 경기나 정당에 더 관심이 많고 경제활동에 좀더 적극적인 것은 자연스러운 일이다.

이렇게 남녀의 주된 관심사는 달랐다. 세계적으로 이름난 각 분야의 명인이나 거장들은 대부분이 남자였고, 지금도 회자되고 있는 세기의 연애를 한 인물들은 클레오파트라나 양귀비 같은 여자가 아니었던가?

– 남자의 사랑은 그 생활의 일부이지만 여자의 사랑은 그 전부이다.

/ 바이런

남자들은 문제를 해결할 때 합리적으로 접근하지만 여자들은 감성적인 접근 방식을 더 선호한다. 예로부터 남자들은 주 무대가 사회였고 그 질서에 적응하는 데에 익숙해져 있지만 여자들에겐 자신의 가정 유지가 더 중요했다. 그래서 아내들은 인간관계나 사회생활도 가족을 중심으로 돌아가길 바란다.[11]

남자들이 생각하는 '친구'와 여자들이 말하는 '친구'는 의미가 좀 다르다. 남자들이 생각하는 친구의 개념은 친한 사람이란 뜻에 더해서 '함께할 수 있는 동료'까지를 지칭하는 경우가 많다. 원시인들은 힘을 합쳐야만 맹수들의 공격에 맞설 수 있었고 사냥도 가능했다. 자신의 목숨은 동료들에 달렸다. 현재도 남편에게는 아내와의 대화는 우선순위가 아니며 오히려 동료와의 관계를 더 좋게 유지하려 힘쓴다.[12]

한편 살아남기 위해선 사냥이 꼭 필요했던 그 기나긴 시절, 여성의 목숨은 남성의 손에 달렸다 해도 과언이 아니다. 오히려 다른 여성들과는 건장한 남성을 두고서 경쟁했을 법하다. 채집 생활과 가축을 사육한 이후에도 항상 부족한 식량 때문에 이웃과 음식을 나눈다는 게 내키지는 않았을 터이다. 이런 본능은 현재까지 이어져 여성들의 무의식 속엔 '진정한 동료는 가족뿐'이라는 생각이 자리잡고 있다.

'남자는 현 상황의 어려움을 숨기는데 반하여, 여자는 힘든 상황을 과장하여 표현한다.'[13]

여자들의 몸속엔 '어려울 땐 남성의 도움이 필요해'란 DNA가 존재한다. 좀더 부풀리고 좀더 간절하게, 때론 어르고 때론 큰소리로 남성을 자극한다. 반면 남자들에겐 '힘든 사냥일수록 자신을 믿거나 동료가 낫다'란 생존 본능이 있다. 힘든 상황에 처할수록 여성을 멀리하여 집중하려 한다.

* 아내가 집안일에 남편의 도움을 청하는 것들 대부분은 남편에겐 절실하지 않다. 안타깝게도 '가정은 주 관심사가 아니야'라고 남편의 유전적 본능이 속삭인다.14 그런데 대부분의 아내들은 남편이 집안일을 거들어 주어도 더 많은 참여를 요구한다. 남성에게 보호받고 싶어하는 본능이 남아 있기 때문이다.

'힘이 센 남자, 말 많은 여자'

남자들은 사냥터에서 짐승을 포획하기 위해서 꼭 필요한 말만 했다. 그래야 신속하고 은밀하게 행동을 통일할 수 있었다. 또한 그들이 나누는 대화에는 집중력이 요구됐다. 사냥터는 위험한 곳이기 때문이다.

한편 성인 남성들이 사냥터에 있는 동안은 여자들은 남아 있는 가족, 부족들과 한데 모여서 대화를 하며 불안을 덜었을 것이다. 그리고 남자가 사냥터에서 돌아오면 남자를 붙잡고 많은 요구를 쏟아 냈다.

부부가 이성을 잃을 정도로 싸운다면 남편은 폭력적으로 돼 가고, 아내의 말은 거칠어지곤 한다. 서로의 공격성이 극에 달할 때엔 본능이 튀어 나온다. 남자는 힘이 셌고 여자의 무기는 말발이다.

'휴식하는 남자, 조르는 여자'

긴장의 연속이었던 사냥터에서 돌아온 남자는 사냥에 거의 온 힘을 소진했기에 집에서는 쉬길 원했다. 기력을 회복해야만 남자의 가장 중요한 본능인 다음 사냥을 기약할 수 있었기 때문이다. 반면 여자는 자신과 가정을 지키기 위해 남자의 사랑을 항상 확인하고 싶었을 것이다. 현재도 아내가 남편과 대화하고 기대고 싶은 마음은 남자의 사랑을 놓치지 않으려는 무의식적인 본능이 남아 있기 때문이다.

지금도 휴식을 원하는 남편과 관심을 보여 달라는 아내 사이에서 갈등이 끊임없이 생겨난다.

자존심의 차이

남자들은 예로부터 강한 힘과 사냥을 잘 하는 걸로 인정받아 왔다. 바로 사냥하는 능력을 키우는 것이 남자의 존재 이유인 것이다. 만약 자신의 애인이, 자신의 아내가 남과 비교하여 자신을 흠집 낸다면 그 남자의 기분은 어떻겠는가? 청년층 사이에서는 학벌과 스펙, 전문성 등이 사회적 능력과 실력으로 인식되며, 중장년층에서는 부나 명예가 그 사람을 평가하는 기준으로 여겨진다. 그런데 자신의 여자가 그걸 깎아 내린다면 남자는 자존심이 크게 상할 것이다.

여자들은 다른 여자보다 좀더 우월한 신체적 외모를 갖고 싶어했다. 눈에 띄는 미모나 섹시한 몸매가 강한 남자를 부른다는 것을 여자들은 본능적으로 안다. 그런데 자신의 애인이, 자신의 남편이 자신의 외모를 비하한다면 여자는 크나큰 마음의 상처를 입게 될 것이다. 여자들에게는 예쁜 외모가 바로 여성상의 상징인데, 남자가 여자의 외모를 인정하지 않는다면 그것은 그 여자의 가치를 부정하는 꼴이 되어버리기 때문이다.

- 말이 입힌 상처는 칼이 입힌 상처보다 깊다. / 모르코 속담

생활습관의 차이

아내들은 항상 자신의 몸을 가꾸려 하지만 남편들은 집에 들어오면 씻는 것보다 쉬기를 원한다. '몸을 깨끗이 하여 자신의 가치를 높이려 했던 원시여성들의 청결 본능'은 애들과 남편의 용모에까지 뻗치며 집안이나 가족의 불결함을 참지 못하게 한다. 한편 '원시남성들에게 있어 집이란 내일의 사냥을 위한 오늘의 쉼터쯤'이기에 집사람과의 소통에는 서투를 수밖에 없다. 오히려 같은 곳에 있음에도 아내에게 들이는 노력보단 일에 대한 생각으로 골몰하는 게 그들의 본능이다. 간혹 지난주에 입었던 옷을 또 입고 나가려는 자신에게 다른 옷을 강제하는, 아내의 행동을 태클로 받아들이기도 한다.

* 들이킬 마음이 없는 자에게 하는 조언은 사례만 일으키는 참견일 뿐이다. 그러므로 모든 조언에는 부담이 따른다. 부부 관계에서도 특히 배우자가 관심을 기울이지 않는 것일수록 더욱 그렇다.

'남자들은 다 똑같아 vs 여자들은 원래 그래'

'남자들은 다 똑같아'란 말의 속뜻은 뭘까? 남자들은 늑대처럼 다 여자를 밝히고 속물이란 말일까? 아니면 사고만 내고 다니는 철부지란 말일까? 또는 남자들은 자신만 생각하는 이기적인 사람들이란 뜻일 수도 있다.

다 맞는 말이다. 경쟁 사회에서 남자들은 그렇게 변화해 왔다. 원시시대, 성인 남성이라면 누구나 다 사냥에 참여했으며 다른 집단과는 겨루고 빼앗았다. '씨 퍼트리기'의 본능은 결혼 유무를 떠나서 매력적인 여성에 눈이 돌아가게 한다.

어떤 상황에서 '여자들은 원래 그래'란 말을 자주 들을까? 기분이 좋다가도 갑자기 화내는 것처럼 감정 기복이 심할 때? 또는 선물 받길 좋아하고 쇼핑중독인 아내를 볼 때? 아니면 신문보단 연예인 스캔들에 귀 쫑긋하고 미장원에서 패션잡지를 넘기는 아줌마를 볼 때?

여자는 아름다워야 남자들의 눈에 띈다. 그런 본능에 따라 오늘도 화장을 하고 몸을 꾸민다. 관심 받고 싶었던 소녀의 욕구는 사춘기를 지나면서 예뻐지고 싶은 열망으로 더욱 분출된다. 여성들의 다양한 감정 표현은 나약했던 그녀들의 생존 전략이다. 애교부리고, 안 통하면 화내면서까지 남자에게 하나라도 더 요구했다. 원시시대부터 여성들은 그렇게 자신을 적응시켰다.

성^{sex}에 대한 인식의 차이

'힘들수록 본능이 꿈틀거린다'

부부관계가 잦아드는 가장 큰 원인은 남편에게서 찾아볼 수 있다. 남자가 일을 많이 하는 나라일수록 섹스 빈도는 다른 나라에 비해서 떨어진다. 일본과 우리나라가 그렇다. 일하는 데 너무 많은 에너지를 쏟는 남자들이 섹스에 대한 여력이 부족하다는 반증일 것이다. 반면 어려운 가정살림에 삶이 힘들어질수록 아내들의 남편에게 의지하려는 본능은 더욱 강해진다. 특히 아내가 불안감을 느낄 때 남편의 사랑 표현이 뜸해진다면 아내의 불만은 더 커져갈 것이다.

최근 아내의 섹스 요구가 잦다는 것은 아내가 남편에게 더 기대려는 표현일 수 있다.[15] 한편 삶에 여유가 많거나 풍요로운 나라(여기서는 상대적인 부富를 말하며 한정된 부에도 만족하는 민족성의 차이를 포함한다.)일수록 그 곳의 남자들은 부부관계를 자주 한다.

현재, 아내는 성적 유희를 공유하고 싶어하지만 성적 유희가 남성의 전유물로 원시시대부터 각인되어진 남편에게는 여성에게 성을 제공한다는 것이 스트레스로 다가온다. 반면 여성들은 주체적으로 성적gender 권리를 찾고 있다. 이제는 성적 주도권도 더 이상 남편만의 것이 아니다. 이렇듯 부부가 성생활에 입문하기에 앞서 성을 바라보는 남녀의 인식에 차이가 있다는 것을 알아야 한다.

사랑이란? 남녀가 바라보는…

 이성 간의 사랑을 육체적 관계로만 한정해 본다면 '본능적 관점에서의 LOVE'란, 남성에겐 '휴식의 일부'이고 여성에겐 '생존의 안전판' 역할이다.16 서로 사랑하면 껴안고 싶어진다. 남성의 스킨십은 대부분 섹스로 귀착되지만 여성에게 있어 사랑하는 남성의 손길은 그 자체로도 만족감을 준다. 원시시대 때, 남성은 여성으로부터 성^{sex}을 제공받고 여성은 남성으로부터 안전을 보장받았었다.

 불꽃 튀기는 사랑을 할 땐 상대를 먼저 생각하며 자신을 희생한다. 이렇게 이타적^{利他的} 사랑은 이기적^{利己的}일 수밖에 없는 본능과 공존하다가 시나브로 주고 싶은 마음이 퇴색해지면 받고자만 하는 본능이 위세를 떨친다. 결국 가정에 더 헌신하라는 아내의 요구는 남편에게 가당치 않는 말이 되고, 자유 시간을 더 달라는 남편의 요구 또한 아내에겐 용납하지 못할 일이 되고 만다.17

'나의 사랑이 그렇듯 당신도 나에게…'

남편은 아내를 사랑한다면 아내의 영역을 잘 침범하려 하지 않는다. 남자의 사고방식으로는 아내에게 전적으로 가정 일에 대한 권한을 주는 것이 아내에 대한 존중이라 생각하기 때문이다. 가사家事를 스스로 알아서 해 주었으면 한다. 그리고 아내도 자신에게 자유를 주기를 바란다. 반면 아내는 집안일을 항상 남편과 함께 하려 하며 그런 게 부부간의 사랑 표현이라 믿는다. 자신이 남편에게 애정을 쏟듯 남편도 자신에게 많은 관심을 보여줘야 한다고 말한다. 그게 아내가 생각하는 부부관이다. 자신이 그러하기 때문에.

성性을 파는 여성 말고는 여자가 섹스를 하고자 할 때는 두 가지 경우이다. 남자를 사랑하고 있거나 남자에게 의지하고 싶을 때이다. 반면 남자는 섹스가 언제나 가능한 동물이다. 남자의 섹스가 분출과 해소라는 본능에 충실히 하는 것이듯, 여자의 섹스도 남자의 보살핌과 나약함의 보상이라는 큰 본능에 뒤따르는 것이다.

성sex에 대한 이런 남녀의 본능적 사고의 차이가, 섹스산업이나 단란주점 등 향락업소의 주 수요층이 남성들일 수밖에 없는 이유다. 대부분의 남성들은 타 여성과의 섹스나 술시중 받는 것에 망설임은 있어도 큰 죄의식을 갖지 않는다.

사랑하는 사이에서의 첫 경험은 경외감 그 자체이다. 섹스는 분명 서로를 탐닉하면서 배려도 해야 하는 행위이지만 남녀를 불문하고 배려하는 마음은 변색된다. 얼마 지나지 않아 '많은 남성들은 사랑하는 감정과는 상관없이 섹스를 오락이나 휴식으로 생각'하는 반면, '대부분의 여성들에겐 섹스란 사랑하는 사람 또는 배우자와 함께하는 놀이'라는 의미로 다가온다.

　남자의 사랑은 속도를 내면 금방 목표지점에 도달할 수 있다. 반면 여자의 사랑은 목표에 도달하기까지 시간이 걸린다. 사랑이 식을 때도 마찬가지다.[18] 사랑이 식을 때도 남자는 극적으로 멈춰버릴 수 있지만 여자는 그렇지 못하다. 그러기에 부부 사이 한쪽이 큰 잘못을 했을 때에도 남편에 비해 아내가 용서를 잘해 주는 편이다. 여자들 사랑의 잔상이 남자들의 것보다 길기 때문이다. 남자들 사랑의 열정은 불같이 타오르고 꺼지지만 여자들은 그 후에도 남아있는 숯처럼 사랑의 온기를 오랫동안 보존한다. 큰 갈등을 겪은 남녀가 화해할 때나 이별 후 재결합할 때 필요로 하는 것은 그 숯이다. 그 숯이 남아 있어야 다시 사랑을 피울 수가 있다. 다만 여자의 불씨가 꺼지기 전에 남자가 돌아와야 한다.

　한편 남자가 자신의 문제를 깔끔하게 해결하거나 여자에 대한 관심이 다시 생긴다면 또 한번 불같이 타오를 수 있는 게 남자의 사랑법이다. 그러나 여자의 불씨가 완전히 꺼진다면 남자가 어떤 노력을 기울여도 여자의 마음을 되돌리기는 거의 불가능하다.[19]

> － 사랑은 화살처럼 빨리 지나가는 것처럼 보인다. 그러나 그 사랑을 성장시키는 데는 시간이 필요하다. 어떤 남자와 여자도 그들이 결혼을 해서 반세기가 지나기 전까지는 완벽한 사랑이 무엇인지 말할 수가 없다.
> / 마크 트웨인

왜 사랑하고 헤어질까

여성, 사랑밖에 난 몰라 vs 남성, 사랑은 지나가는 정거장

남자들은 섹스 후에 샤워하러 가거나 쉬는 것을 당연하게 생각하지만 여자들은 섹스의 충만감을 사랑하는 남자와 오래 간직하고 싶어한다. 다음 사냥을 위해선 섹스 후 에너지를 충전시키려는 남성들의 본능과, 강자인 남성과 더 긴밀함을 유지하려는 여성들의 본능 차이다.

대중의 관심을 끄는 명품이나 유행을 선도하는 패션 상품이 여자들의 주목을 받는 이유는 이렇다. 사랑을 하거나 받기 위해서는 아름다워져야 유리하기 때문이다.[20]

'당신 사랑이 그 정도였어?'

여자는 선물의 크고 작음을 남자에 대한 믿음의 기준으로 삼지 않고 남자의 지속적인 관심을 더 중요시한다. 그런데 뭇 남자들은 사랑하는 여자에게 '수요일에는 빨간 장미'를 오랫동안 주지 못한다. 한편 여자들은 그 행위가 식상할지라도 장미를 받을 때마다 내심 좋아하며 그 남자의 지속성에 많은 점수를 줄 것이다. 남자들은 익숙한 것에 대해 싫증을 내지만 여자들은 오히려 익숙한 것을 받아들이기 때문이다.

아무리 사랑했던 여자라도 시간이 지나면 남자들의 사랑 표현은 뜸해진다. 점점 익숙해져 가는 대상에 대해 남자들의 호기심이 떨어지기 때문이다.

'상대가 변심한 이유?'

남자들의 사랑이 변했다는 것은 현재 함께하는 여자에게는 관심이 떨어지고 관심의 대상이 현재의 여자에서 다른 무엇으로 변했다는 뜻이다. 남자의 관심을 끄는 그 무엇에는 다른 이성을 포함한 모든 세상사가 해당된다. 곁의 여자는 그대로이지만 사회는 끊임없이 변화하기에 세상의 많은 것들이 호기심 많은 남자들을 자극한다. 만약 애인에게 이별 통보를 했거나 그녀를 멀리하는 남자 친구가 있다면 열에 아홉 그 남성은 다른 이성을 만나거나, 새로운 무엇에 빠져있을 테다.

여자들의 사랑이 변했다는 것은 현재 남자에서 다른 무엇으로 옮겨갔다는 게 아니고 사랑하기를 중단하거나 상대가 바뀌었다는 말이다. 여자의 사랑은 한 남자에 국한되어 있는 것이 아니다. 여자는 지금의 남자로는 더 이상 안 되겠다 싶으면 그 사랑을 포기하거나 더 좋은 상대가 있다면 그 상대로 옮겨갈 수 있다. 일에 집중하기 위해서나 다른 새로운 것을 시작하기 위해서 등, 이런 이유만으로 애인을 떠나는 여성들은 거의 없다.

그러므로 남자가 사귀던 여자를 멀리하는 가장 큰 이유는 그 여자에게선 더 이상의 호기심을 찾지 못해서이고, 여자가 먼저 이별을 통보하는 경우는 대체로 남자 측에서 믿음을 주지 못했거나 남자가 능력에 한계를 보일 때이다.

여자를 향한 남자의 사랑이 식는 이유는 둘 중 하나다. 하나는 곁에 있는 여자에게서 호기심이 바닥났을 때이고, 다른 하나는 남자의 일이 뜻대로 되지 않아서 여자에게 멀어지고 싶을 때이다. 21

여성의 경우엔 폐경 전까지는 성적 욕망은 대체로 지속되나, 남성의 성적 욕망은 갱년기 전이어도 감소된다. 사회적 경쟁은 치열해지거나 그대로인데, 젊은 경쟁자들은 나타나고 자신의 몸은 늙어가니 무의식적으로 발현되는 남자들의 본능 때문이다. 성관계 횟수라도 줄여서 에너지를 보존하고픈 거다.

잠자리 시, 젊을 땐 남성 쪽에서 리드를 했다면 나이가 들어서는 여성 쪽에서 리드를 하는 게 생리학적으로 맞다. 오랜 세월 성관계를 유지하고 싶다면 더더욱 그렇다.

아내가 딴 남자에게 눈을 돌린다면 그것은 잃어버린 자존심을 치유받고 싶어서일 것이다. 남편으로 인해 마음의 큰 상처를 받았으리라. 남편이 외도하고 싶은 마음이 든다면 이는 아내에게 위로 받지 못한 마음을 누군가가 어루만져 주길 바라서일 것이다. 가정이 안식처로 생각되지 않았으리라.

즉 여자들의 외도에는 '사랑받고 사랑하고 싶은 본능'이 근간에 깔려 있으며, 남자들의 외도엔 '사냥 말고는 휴식이라는 본능'에 바탕을 두고 있다. 아내가 외도를 한다면 주로 사랑을 안 준 남편에서 그 이유를 찾을 수 있으며, 남편들 외도의 발단은 새로운 성^{性}에서 휴식을 찾으려는 마음 때문인 경우가 많다.

* 이 얼마나 불공정한가?
　남자들이 연인을 멀리하고 외도하는 가장 큰 이유가 연인의 잘못보다는 자신의 호기심 때문이라니.
　이 얼마나 딜레마인가?
　연인이 사랑하는 남자에 사랑을 다그칠수록 오히려 그 사랑은 숨을 곳을 찾고 떠나기도 한다는 것이..

　그 누구도 아닌 현재의 남편과 함께 행복한 가정을 원했던 아내가 다른 남자에 눈길을 줬다는 것은 그만큼 '아내가 바라는 happy home이 아닌 상황'에 처해 있음을 의미한다. 그래서 외도가 길어진다면 별일 아닌 듯 일탈을 감행한 남편들에겐 그 순간 바람의 횟수만 더해지지만, 아내들은 빠져나오기 쉽지 않을 '태풍의 눈'으로 들어가곤 한다.

　- 뭐라고 해도 여자들의 큰 야심은 남자에게 사랑을 느끼게 하는 것이다.
　　여자들의 마음씀은 죄다 그것밖에 없다. 그렇다면 아무리 거만한
　　여자라도, 남자들이 자신의 눈에 끌리는 것을 마음속으로
　　　은근히 기뻐하지 않는 여자는 없다. / 몰리에르

체장 여성, 사랑밖엔 난 몰라 vs 남성, 사랑은 지나가는 정거장

남녀에게 대화란?

결론부터 말하자면 부부 간의 대화는 아내에게는 아주 중요하지만, 남편에게 있어서 부부 간의 대화는 사회생활이나 자신의 관심 분야보다 뒤로 밀려나 있다. 물론 여자들은 여기에 동의하지 않는다. 그러니 언쟁이 길어질 때 "이제 그만 하자!"는 애원에 가까운 남편의 말이 아내의 귀에 들어올 리 없다.[22]

아내들은 대화를 시도하려 하는 거지만 남편들은 왜 귀찮아하는가? 그건 바로 본능 때문이다.

남자들은 원시시대 때 사냥할 때의 규칙은 알고 있었고 동료들끼리 대화의 필요성은 인정했어도 여자와의 대화는 관심사가 아니었다. 현재도 한 집안의 가장이라는 우월 본능이 잠재해 있기에 남편들은 아내의 잦은 대화 시도를 달가워하지 않는다.

특별히 바람도 피우지 않고 돈도 잘 벌어 줬는데 남편들은 황혼 이혼을 당하기도 한다. 아내가 황혼 이혼을 선택한 가장 큰 이유는 같이 살아오면서 그때까지도 남편이 아내 입장에 서 있지 않았기 때문이다. '아내를 외롭게 만들었다.'[23] 남편과의 행복한 가정이 꿈이었는데 그렇지 못했기 때문이다. 결론은 부부 사이에서 아내가 바라는 대화가 없었다.

원시시대 이후 도구를 이용하고 후손에 전승하는 과정에서 인간의 뇌용량은 더 커진다. 그런데 가장 오래된 동굴 벽화는 몇 만 년 전이고 기호나 문자를 사용했다는 기록은 기껏 만 년도 안 된다. 그렇다면 수백만 년 동안은 인간의 지식이 무형인 구전으로만 전해졌다는 뜻이다. 특히 남자들끼리는 사냥에 알맞은 도구를 개량하면서, 여자들은 이웃과 교류가 잦아지면서 언어 구사 능력은 크게 발전했다. 이렇게 오랜 세월 동성同性, 동료끼리의 소통을 통해서 남녀의 각기 다른 감수성과 대화법 또한 구별되기 시작한다.

남편과 아내는 서로를 향해 대화가 안 된다고 한다. 옳고 그름을 구분 짓고 싶어하는 남편의 대화법과 관심과 동의가 주목적인 아내의 대화법은 평행으로 달리는 철로와도 같다.[24] 남자들의 대화는 이성理性을 통해서, 여자들의 대화는 감성感性이란 케이블을 통해서 주로 교류되기 때문이다.

이성 간의 대화채널에 각기 다른 케이블로는 통通할 수가 없다. 그렇다면 '서로의 본성은 고치기 어려우니' 이성 간에 갈등이 있을 때 올바른 대화법이란 무엇일까?

'남성은 여성의 케이블로, 여성은 남성의 대화 케이블을 잠시 빌려 쓰는 거다.'

저녁 식사를 위해서 남편과 아내는 차를 몰고 식당가를 둘러보고 있다. 부부는 애 학원이 끝나길 기다리면서 그 사이에 저녁을 해결하려 한다. 애한테 연락이 오면 데리러 가야 해서 느긋하게 식사를 할 여유가 없다.

아내 "여보, 우리 육개장 먹을까? 이게 빨리 나올 것 같아."

남편 "저기, 부대찌개 먹으면 안 돼? 저번에 맛있었잖아. 음, 당신이 알아서 결정해."

아내는 잠시 망설이다가 곧 차에서 내려 부대찌개 식당으로 향했다. 이날따라 주문이 밀려서 그런지 음식이 좀 늦는다. 아내는 몇 번이고 시계를 쳐다보다가 무엇에 쫓기듯 남편을 보고 한소릴 한다.

"내가 육개장 먹자니까. 지금쯤 거의 먹었겠다. 당신은 왜 내 말을 안 들어? 지금 음식을 먹어도 소화는 되겠어?"

A "아니 당신 왜 그래? 당신이 먼저 여기로 들어왔잖아. 그리고 우리 들어온 지 10분밖에 안 됐어. 음식 늦은 것도 내 탓이야?"

그냥 처음부터 '내가 하자는 대로 했으면 될 일'이었는데 뭘 잘했다고 또박 말대꾸하는 남편이 아내는 못내 서운하다.

이렇게 바꿔 보자. 아주 쉽다.

A "그렇지? 당신 하자는 대로 할 걸."

아내 "아휴, 그래."

이러면 서로가 감정 상할 일도 없다.

여성들에 비해 남성의 감성은 풍부하지 못하고 공감 능력도 떨어진다고 한다. 이런 말은 언뜻 맞는 것 같지만 대상이 어떠하냐에 따라 남녀가 달리 반응할 수 있다는 걸 건너뛴 주장이다.

분명한 것은 받아들이는 정도와 반응하는 속도는 대상에 따라 다르다는 건 인정된다. (원시시대 이후 본능으로 굳어진, 조금은 이타적인 여성들과 조금은 이기적인 남성들이란 걸 상기하라.) 남성들의 감수성은 인간승리나 성공스토리에는 예민한 반면, 여성들의 감성 촉수는 약자와 피해자들에 먼저 반응한다. 이런 이유로 특히 큰 사고나 재해, 또는 죽음 앞에 여성들이 더 슬퍼한다. 이렇게 다른 듯한 감수성은 남녀 사이의 틈을 벌리기도, 서로를 오해하게 만들기도 한다.

여자는 수다로 스트레스를 날려 버리곤 하지만 남자는 대화 후에는 피곤함을 느낀다. 원시시대 이후 남자들은 죽음을 넘나드는 사냥터에서의 활동과 짐승과 적들의 공격 등으로 긴장 상태인 경우가 많았다. 어떻게 하면 더 효과적으로 사냥하고 더 좋은 도구를 만들 수 있을지 고민했던 남성들은 현재도 대화가 시작되면 말의 의미를 분석하는 경향이다.

반면 여자들이 가벼운 마음으로 대화나 수다가 가능한 이유는 남자들처럼 그런 긴박한 상황의 경험이 훨씬 적었고 또한 남자에게 보호받고 있다는 잠재의식이 남아 있기 때문이다. 이런 본능의 차이는 남자로 하여금 책을 보면서도 대화도 가능한 여자들을 이해하지 못하게 한다.

서로를 탐구하고 불꽃 튀는 사랑의 시기를 지나면 남녀 사이 대화법은 각자의 본능에 따라간다. 언제부터인가 남자들은 꼭 필요한 말만 건넨다. 곁에 있는 이성에 대한 호기심이 떨어지자 (대화에 집중함으로서 소비되는) 에너지를 아끼려는 남자들의 자연스런 본능이다.[25] 자꾸만 말 걸어오는 여자가 이제는 귀찮고 부담된다. 반면 여자들은 남들과 비교하기 시작한다. 말만 했다 하면 시비 거는 것처럼 반응하는 남자에 화도 난다. 남자가 대화를 피할수록 본능적으로 불안을 느낀 여자들은 남자를 향한 요구가 늘어난다.

애인이나 배우자 간의 갈등이 커질수록 남자들은 그 상황을 매우 싫어하며 그 자리를 피하고 싶어한다. 그러나 여자들은 갈등이 반복될수록 남자에게 공감해 줄 것을 더 요구한다.[26] 이러다 보면 싸움으로 번지기 일쑤다. 그런데 갈등을 해결하려면 결국 대화를 해야 하며, 화해를 위한 전제 조건은 상대의 현 상황을 인정하는 거고 상대를 이해하려는 마음 자세다. 그러나 사랑이 식어버린 시기라면 이성 간의 속 깊은 대화는 서로 다른 본능의 차이로 쉽지가 않다.

* 남성들의 생존을 위한 원초적 성향은 사회적 활동에 맞춰져 있어 힘들수록 아내에게 간섭받길 싫어한다. 반면 아내들은 힘든 상황에 처할수록 남편과 상의하려 하며 더욱더 의존하려 한다.

원시시대 때 남성들의 의도된 행위는 사냥과 휴식뿐이었다. 그 외의 상황은 돌발 상황이 되는 거고 남성들의 생존 본능을 방해하는 거였다. 현재도 의도치 않은 상황이 아내 때문에 길어진다면 이에 남편은 '아내가 지금 나를 간섭하고 있구나'라고 생각한다. 남성들의 에너지를 빼앗는, 휴식을 빼앗는, 일에 집중할 시간을 빼앗아 버리는 행위가 될 수 있다.

한편 남성들 앞에선 항상 매혹적이어야 했고 하나라도 더 요구를 해야 했던 원시시대 여성들로선 "내가 잘못했어.", 또는 "당신 말이 맞아. 내 요구는 부당했어."하고 말한다는 건 "나는 형편없는 여자야."라고 인정하는 꼴이다. 원시시대라면 생존의 끈을 놓는 거나 마찬가지였을 텐데 자신의 곁에 묶어 두어야 할 남자 앞에서 어떻게 자신의 결점이나 치부를 공개하겠는가? 이런 무의식에 존재하는 불안감 때문에 현재도 아내가 먼저 잘못을 인정하기란 쉽지 않다.

부부싸움이 반복될수록 남편은 더 혼자이고 싶어진다. 반면 다툴 때마다 대화를 꺼리는 남편을 보고선, 아내들은 남편이 가정에서 멀어지려고만 하는 것 같아 초조하다. 남편이 아내에게서 등을 돌릴수록 아내는 사랑에 확신을 얻기 위해 남편을 더 몰아치기도 한다. 만약 다툼이 커진다면 남자들은 간혹 폭력적 경향을 보이곤 하는데 그 남자의 입장에서는 계속되는 여자의 공격을 막아내려는 일종의 자기방어인 셈이다.

* 남편들에겐 아내와의 대화도 길어지면 잔소리가 되고, 특히 반복되는 아내의 말은 자신을 공격하는 것으로 느낀다. 한편 아내들은 남편의 논리적인 반박에도 자신의 잘못을 잘 인정하지 않는다.[27] 아내에게도 부부싸움의 책임이 일부 있음에도 사과하지 않는 모습에 남편에겐 더

이상의 대화는 의미 없는 일이 돼 버리고, 한편 대화를 중단하는 남편도 부부 간의 소통을 원치 않는 걸로 비춰져 아내를 더욱 불안케 한다.

부부 모두가 직장을 가지고 있더라도 상사가 그들에게 요구하는 정도는 다르다. 경영진 측의 common sense 또한 남녀 간에 업무를 구분하거나 승진에 차등을 두는 걸 당연시하기도 한다. 자의든 타의든 업무량이나 책임감의 무게 역시 남성 쪽이 더 하다는 게 현실이다. 가정의 생계를 책임져야 한다는 압박감과 과다 경쟁으로 인한 스트레스를 대부분의 남편들은 감내한다. 가족을 위해서 열심히 일하는 것은 당연하다고 생각한다. 그리고 일과 후에는 멍에를 잠시 내려놓고 자유를 찾는다.

(일하고 들어와서) 남편이 소파에 앉아 TV를 보기 시작한다면 이제 쉬고 싶다는 뜻을 보이는 거다. 자기희생에 대한 보상 심리다. 이 상황에서 아내가 어떤 요구를 한다면 남편들은 귀찮아하며 도와주더라도 수동적이거나 짜증을 내곤 한다. 남편에게 계속 말을 건다면 대화 내용을 떠나서 아내는 이미 잔소리꾼이다. 사랑스러운 여인이 아니라 휴식을 방해하는 방해꾼이 되는 거다.

남자들에게는 '침대는 잠자기 위한 장소'일 뿐이다. 'TV가 켜진 상태라면 대화보다 시청하는 게 우선'이다. 원시시대 때 사냥을 위해 창을 만들었듯 도구는 쓰임새에 따라 사용되어져야 한다고 믿고 있다.[28] 새로운 이성에 잘 보이고 싶고 서로를 알아갈 때엔 남자들도 TV를 보거나 식사 중에, 또는 침대에서도 대화가 가능했다. 아직 상대 이성에 대한 호기심이 충만할 시기이기 때문이다. 그런데 애정이 식을 무렵 본능이 꿈틀거린다. 이기적으로 행동하는 게 남자들의 본능이다. 일할 때뿐만 아니라 친구들과 있을 때 걸려오는 아내의 전화나 휴식 중에 끼어드는 아내는 환영받지 못한다.

 반면 아내들에겐 남편에 대한 애정이 식은 후라도 '가정 지킴이라는 본능은 그대로'다. 그래서 TV 앞에서나 침대 위에서도 그녀들에겐 부부 사이의 대화는 중요하다.[29] 남편을 좋아하지 않아도, 부부싸움 후 다음날에도 '부부 간의 대화는 아내가 꼭 해야 하는 업業'이다.

 대화를 거부하는 남편을 보고선 아내들이 하는 말이 있다. "요즘 남편이 변했다.", "내가 말만 하면 짜증을 낸다." 그러나 위에서 말했듯 남편이 의도하지 않는 대화는 이미 남편의 관심사가 아니라는 걸 아내들은 먼저 인정해야 한다. 그래야 화도 덜 난다.

* 남자들의 행위는 사회적 일 말고는 나머지는 주로 휴식 모드에 맞춰져 있다. 애초 남자들은 사랑의 관계를 계속 유지하는 것에 익숙하지 않다. (수컷이 정자를 뿌리고 나면 나머진 암컷의 몸속에서 이루어지며 태어난 새끼는 어미의 젖을 빤다. 이게 포유류의 생리학적 특성이다.) 그러나 아내들은 남편의 이런 이기적인 본능을 싫어하며 종종 남편의 휴식이 재충전 중이란 걸 인정하지 않는다.

 – 여자와 싸움을 하는 것은 우산을 쓰고 샤워를 하려는 것과 같다.
       / 유태격언

연애의 시작과 이별의 징조

남자가 여자를 선택하기까지에 걸리는 시간은 그리 길지 않다. 전혀 모르는 여자라도 첫 만남부터 한눈에 반하거나 두세 번의 데이트였음에도 그 여자에 대한 평가는 이미 끝나 있는 경우가 많다. 결국 남자는 여자가 마음에 들면 온갖 선물과 애정 공세를 펼치며 여자를 생각하느라 시간 가는 줄도 모른다.

한편 여자는 남녀 관계에 있어서 상대방에 대한 믿음을 제일 우선으로 둔다. 믿음이 생겨야 자신을 맡길 수 있다. 즉 남자의 적극적인 애정표현으로 믿음이 생길 때쯤 여자는 사랑하기 시작한다. 스스로에게 끊임없이 던진 의문, '이 남자를 진짜 사랑해도 될까?'란 질문에 마침내 긍정적인 답변을 내린 여자는 그 남자를 대하는 태도가 적극적인 자세로 바뀌며 한편으론 그 남자에 기대고 싶은 마음도 일어난다.

그런데 어떤 여자가 남자 눈에 예뻐 보인다는 것과, 여자의 마음에 어떤 남자가 믿음직스럽게 느껴진다는 것은 주관적인 생각이다. 주관적인 생각은 절대적이지 않기에 시간과 상황에 따라 변화하기 마련이다. 그러므로 영원한 해바라기 사랑은 없다.

남자는 원시시대부터 호기심이 많은 동물이라고 했다. 그런데 예전의 것을 놔야 새로운 대상에 다가갈 수 있다. 남자는 여자를 여전히 사랑하지만 만남이 잦을수록 한 여성에 대한 호기심은 차츰 줄어들기 시작한다. 그리고 불행히도 이 시점은 남자를 향한 여자의 요구가 하나씩 늘어나는 시기와 맞아 떨어지는 경우가 많다. 예전 같지 않은 남자의 눈빛에 여자는 불안해 하며 그럴수록 더 기대게 된다. 이처럼 서로가 마냥 좋을 때는 그리 길지가 않다.

이런 상황에서 남자의 사랑이 내리막길로 돌아섰다면 헤어짐을 알리는 서막이 되기도 한다. 어떤 경우엔 여자에 대한 남자의 실망이 너무나 커서 급속도로 사랑이 식기도 한다. 만약 그 상황을 뒤집기 위해 여자가 섣불리 끼어든다면 오히려 더 큰 상처를 입을 수도 있다. 이때에는 남자에게 스스로 정리할 시간을 주는 편이 낫다. 대신 그 시간 동안에 남자가 사랑을 되찾을 수 있게끔 여자는 스스로에게 변화를 줘야 한다.

옛날에 남자가 사냥을 끝내고 집으로 왔듯이 다행히도 남자에게는 회귀본능도 있다. 그러므로 사랑이 식은 남자와 헤어지기 싫다면 믿고 기다리거나, 남자가 사회적 활동에 어려움을 겪는다면 난관을 극복할 수 있도록 도움을 주는 것도 생각해 볼 일이다. 또한 여자가 매력적인 모습으로 변화함으로써 남자의 호기심도 되살아난다면 그는 다시 한 번 사랑의 길로 들어설 수 있다.

'남자는 냄비와 같은 사랑을 하고 여자의 사랑은 가마솥과 같다'

 큰 갈등 없이 두 손 꼭 잡고 예식장에 들어섰어도 결혼생활은 이인삼 각二人三脚 경기처럼 쉽지가 않다. 뜨거운 그러나 곧 식어버리는 남편의 사랑 때문에 아내들은 힘들어하지만 오랫동안 식지 않는 아내의 그 온기로 인해 용하게도 가정은 유지된다.

 큰 부부싸움 후에도 대다수의 부부들은 결국 화해를 시도한다. 가정의 위기는 주기적으로 온다지만 대개 화해란 방파제 앞에서 흩어져 버리곤 한다. 그러나 서로 아무 노력을 하지 않는다면 답답한 집안 공기에 억눌리는 시간은 길어질 테다. 보통 그렇듯 가정을 방임했던 남편은 그런 집안 분위기에도 질식할 리 없지만 남편의 참여를 바라는 아내에게는 남편의 침묵이 분명 숨막히는 기간이다.

 입냄새 때문에 곁사람이 뒤로 몸을 움찔해도, 화장실 냄새로 뒷사람이 코를 막아도 악취의 한 가운데 있는 입내의 당사자나 똥을 보는 사람은 잘 못 느낀다. 그렇듯 갈등이 있을 때마다 대화를 피하려는 남편의 행동과 자신의 주장만 내세우는 아내 모습은 분명 배우자에게 불쾌감을 주지만 자각하지 못한 채 서로를 미워하는 마음만 키워간다.

 만약 아내도 더이상 남편과의 대화를 시도하지 않는다면 이별을 준비하는 또 다른 차원으로 전개될 수 있음을 암시한다.[30] 간섭을 싫어하는 남편은 아내의 외면에도 인내할 수 있다지만, 사라져만 가는 남편의 모습에 아내는 초조해지는 게 여성의 본능이다. 그런데 오히려 아내가 편안한 상태를 보인다면 아내발發 이별이 임박했음을 알리는 징

후이기도 하다.

남녀 간의 갈등은 사랑의 끝이 아니라 아직도 사랑이 현재진행형이라는 것을 의미한다.[31] 부부 갈등 후에는 부부는 알게 모르게 꾸준히 대화를 시도한다. 적절치 않은 상황에서도 잦은 아내의 접근은 대화를 재개하자는 표현이고, 사소한 것일지라도 요즘 부쩍 는 남편의 관심은 관계 복원을 위한 시도라는 것을 놓치면 안 된다.

- 인생에서 늦어도 괜찮은 것은 두 가지가 있다.
그것은 결혼과 죽음이다. / 탈무드

제1장 연애의 시작과 이별의 징조

결혼은 잘못된 만남?

　남편과 아내는 사회와 가정을 잇는 연결고리다. 남편은 아내를 통해서 가정에 참여하고 아내는 남편을 통해서 사회를 본다. 그런데 남편은 아내의 의도대로 가정에 참여하는 게 아니고, 아내는 남편의 바람대로 남편의 사회생활을 이해하는 게 아니니 부부 갈등이 생긴다.

　남편들은 사회의 규범에 맞춰 살아가는 데 익숙해져 있지만 가정에서 아내의 요구에 따르는 것은 버겁게 느낀다. 그와 반대로 많은 아내들은 사회에서 활동하는 것에 비해 집에서 더 편안함을 느끼며 능동적이 된다.

　남편은 자신에게 신뢰를 보내지 않은 아내에게 실망하고 아내는 자신에게 무관심한 남편에게 실망한다. 아내는 남편이 자신에게 관심을 덜 가져준 것에 대해 서운하고, 남편은 아내가 자신을 통제하려 한다는 생각 때문에 힘들어 한다. 남편은 아내 때문에 자신이 하고 싶은 일이 방해받을 때 화가 나고, 아내는 남편으로 인해 자신의 바람대로 가

정이 돌아가지 않을 때 화를 낸다. 32

아내에게는 가정 내의 행복이 최우선이지만 남편에게는 집안에서 일어나고 있는 일이 소중하더라도 일차적인 관심사는 되지 못한다. 원시시대부터 내려온 아내의 본능은 남편의 사랑을 확인받는 것이었지만 남편에게는 다음날 사냥하는 것이 더 중요했기 때문이다.

* 남편들 화anger의 9할은 자신과 관련 있는 반면, 아내들 화의 9할은 가정문제 때문이다.33 배우자가 화를 내는 진정한 이유를 깨닫지 못한다면 부부싸움은 결별 직전까지 되풀이될 것이다.

배우자에 대한 미움의 단계

1. 결혼은 상상이 아닌 현실이란 걸 깨닫는다.
2. 내가 더 희생하는 것 같아 억울해지기 시작한다.
3. 다른 부부와 비교하면서 다투는 일이 잦다.
4. 불행의 원인을 배우자에게서 찾고 결혼을 후회한다.
5. 줄곧 배우자를 비난하고 헤어짐만을 생각한다.

1단계 정도는 결혼생활에선 응당 그러한 것으로 여기다가 2단계로 접어들면서 (받아들이기 힘든) 배우자의 욕심 때문에 1단계가 드러났다고 인식한다. 대부분의 부부싸움은 3단계를 넘지 않으며 부부 한쪽의 사과에 안정을 찾을 수 있다. 4단계에서도 부부 서로의 노력으로 화해에 이를 수 있으나, 부부 갈등이 5단계까지 왔다면 극적 반전이 있지 않는 한 이혼하는 날만 다를 뿐이다.

3단계부턴 부부싸움 중에 이혼이란 단어가 뜬금없이 등장하기도 하고, 결혼의 판타지가 배우자 때문에 산산조각이 났다고 믿는 미움의 4단계에서는 이혼 생각이 잦아진다. 결국 이혼 생각이 좀더 구체화된 5단계를 극복하지 못한다면 갈라선다.

남편은 비서 같은 아내를 바라고 아내는 보디가드 같은 남편을 원하지만, 비서는 수행하는 일이라 비서가 보호 받는다는 것은 어울리지 않는다. 역으로 생각해 봐도 마찬가지다. 이렇게 결혼은 서로가 맞지 않는 사람끼리의 결합이다.[34] 남편이 밖의 일을 잘 하면서 가정에도 충실하거나, 아내가 집안일도 잘 하고 남편의 사회생활도 잘 이해해주는 것은 매우 어렵다.

여자는 결혼 후에도 항상 동화책 속 '왕자를 기다리는 신데렐라'이기를 바란다. 바로 그 신데렐라를 동경하며 오늘도 연애 잡지를 보고 멋진 사랑이야기가 담긴 드라마를 본다. 거기에 나온 왕자가 남편이길 바라면서.

그런데 남편이 아내에게 가지고 있는 불만 대부분은 가정만 최우선으로 하는 아내의 사고방식 때문에 생긴 문제이다.[35] 남편은 결코 아내와 가정만을 위해 헌신하는 왕자가 될 수 없다. 아내는 자신의 바람대로 남편이 항상 따라줄 거라고 생각하면 안 된다.

* 둘 중 한 명이라도 여자가 남자에게서 아빠의 자상함만을 찾는다거나, 남자가 여자에게서 엄마의 조건 없는 사랑만을 찾으려 한다면 그 만남은 오래가지 못한다. 딸에게는 이 세상에서 가장 따뜻한 남자가 아빠였다면, 아들은 엄마같이 헌신적인 여성상을 그리워하는지 모른다. 그러나 배우자는 부모가 아니다.

부부의 목표는 같다. 바로 '행복'이다. 그럼에도 부부 갈등이 생길 수밖에 없는 근원根源은 현재보다 더 '행복해지는 미래'를 원하는 남편과 '현재의 행복'을 누리고 싶은 아내와의 충돌 때문이다. 그리고 남편은 자신이 믿는 행복을 밖에서 구하려 하지만, 아내는 남편과 같이 가족 내에서 행복을 찾으려 한다.[36]

많은 여성들은 연인과 함께 거니는 숲길의 풍경이나 샤워 후 젖은 머리를 사랑하는 사람이 말려주는 그림을 상상하지만, 남편들은 아내가 생각하는 결혼생활의 로망이 그런 소박한 것이었다는 거에 의아해 한다.

남편은 사회적, 경제적 성공으로 인한 명예와 부의 축적이 행복의 필수조건이라고 생각하지만, 아내는 남편의 끊임없는 사랑과 가정의 풍요로움이 행복의 척도라고 믿는다.

남자의 기준으로 여자의 행복을 단정 지을 수 없다. 아내의 꿈은 행복한 가정이기에 남편의 일이나 자신의 일이 가정보다 소중할 수는 없다고 한다. 그러나 남자들의 꿈은 사회에서 인정받는 거고, 안타깝게도 가정에는 남편의 호기심을 자극할 만한 것이 거의 없다.[37]

맞벌이하는 가정조차 가사노동 시간은 아내가 더 많고, 일하는 시간은 남편이 더 많다는 통계를 보더라도 부부 사이에 갈등의 씨앗은 이미 내재돼 있다. 남녀차별을 부르는 사회적 틀이나 제도 등이 개선됐음에도 가사분담이나 사회적 활동 시간에서 여전히 남녀 간에 차이가 나는 이유는 서로 다른 성^性염색체 때문일 것이다. 원시시대부터 다른 성^性으로 태어나서 서로 다르게 살아온 방식은 더 분화되고 진화됐으며 본능으로 굳어졌다. 서로 다른 본능은 각각의 활동 영역과 일의 중요도에 우선순위를 부여하고 무의식적으로 받아들이도록 한다.

아이러니하게도 성^{sex}을 매개로 자유로운 휴식을 원했던 남성들은 결혼으로 인하여 자유가 구속될 처지가 돼 버리고, 안전한 보호막을 위해 선택했던 여성들의 결혼생활은 이탈하려는 남편으로 인해 불안한 환경에 처하고 만다.

유독 내 남편을, 하필 내 아내를 선택했기에 내가 불행한 게 아니다. 다른 남성, 다른 여성을 택했어도 (가정형편은 달라졌을지언정) 부부관계는 크게 다르지 않다. 부부 사이 불협화음은 그 누가 됐든 이질적인 본능의 차이로 꿈틀거리고, 행복의 보증이 되어야 할 결혼이란 제도는 역설적으로 서로를 마음껏 미워할 수 있는 완벽한 틀을 제공한다.[38] 남자들이 사회에서 원하는 욕구가 비슷하듯이 여자들도 결혼 후에 바라는 가정 모습이 비슷하다. 자신의 아내만 특별나고 자신의 남편만 유별난 것이 아니다.

- 전혀 사랑하지 않는 것보다는
사랑을 하고 실연을 당하는 것이 더 낫다. / 알프레드 테니슨

남녀가 생각하는 결혼의 조건

'남녀가 바라는 이상형은 어떤 모습일까?'

　남자들은 '착한 여자면 된다'거나 '부모님을 잘 모셔야 한다'는 순진형부터 '돈이나 집안 모두 관심 없다. 무조건 예쁘면 된다'라고 생각하는 단순형이 있는가 하면, "아니다. 나의 성공을 뒷받침해 줄 수 있는 여자가 좋다."라고 말하는 속물형 등이 있을 수 있겠다.

　한편 여자들은 어떤 배우자를 원하는 걸까? '매사에 성실하고 가정에 충실할 수 있는 남자면 된다'거나 '나는 능력 있는 남자가 좋다. 태어나서 이런 남자만을 찾고 있었다'하고 생각하는 여자들도 있겠다. 또는 사랑에 크게 데인 경험이 있는 여자라면 "결혼 후에도 한결같은 마음으로 나만 바라보는 남자면 된다."라고 말할지도 모른다.

　종합해 보면 남자들이 바라는 배우자 상은 지극히 현실적이어서 한 문장으로 정의할 수 없지만, 여자들이 원하는 배우자 상은 공통적으로 최소한 자신이 의지할 수 있는 남자여야 된다는 것임을 알 수 있다.

남자의 경우엔 사랑이 없어도 조건만 보고 결혼할 수 있다. 물론 여자도 조건을 먼저 볼 수 있다. 그렇지만 여자의 경우에는 조건만 보고 결혼하지는 않는다. 그러나 남자는 조건만 보고 결혼할 수도 있고, 이런 남자에겐 결혼 후 아내의 사랑을 받지 못해도 '자신의 일에 방해만 안 된다면' 큰 문제가 되는 것은 아니다. 반면 여자는 남자의 배경을 보고 결혼 했다고 하더라도 결혼 후에는 사랑을 주고받으면서 '행복한 가정을 꾸리며' 살고 싶어한다.

그런데 막상 남자들의 결혼도 이상형의 배우자감보단 본능에 따라 선택하는 경우가 많다. 솔직히 남자는 단순 명료하다. 남자들은 자신에게 의지만 하려는 여자에겐 본능적으로 거리를 둔다. 하지만 매력적인 여성에게는 자연스레 끌리며 계속 예뻐 보인다면 복잡하게 계산하지 않고 결혼까지 할 수 있다. 처음엔 팅기는 여자에게 호기심을 보일 수도 있지만 남자의 호기심은 얼마 못 가서 식어 버린다.

여자들의 결혼 선택 과정은 좀 복잡하다. 원시시대 때는 여자가 원하는 남성상은 평생 가족을 지켜줄 수 있는 강한 힘을 가진 남자였다. 지금도 연애 때 거칠게 다가오는 남자에게 호기심이 생긴다. 여자들에겐 아직도 덩치 좋고 힘 센 남자에 대한 향수가 남아 있기에 일단 강한 남성미를 풍기는 남자에게 본능적인 관심을 보인다. 부드럽게 대하는 매너는 없지만 남자가 적극적으로 다가온다면 사귈 수도 있다. 오히려 남자가 착하기만 하고 여자에게 적극성을 보여주지 않는다면 일시적인 모성애라면 몰라도 이성으로서 매력을 느끼지 못한다.

그런데 여자들에 있어 결혼이란 제 2의 인생인 가정을 꾸려야 하는 대사大事이기에 당연히 신중할 수밖에 없다.39 여자들은 적극적으로 사랑 표현을 하는 남자에게 호감을 가지기도 하지만 결국에는 끝까지 지켜줄 것 같은 남자를 선택한다. 즉 여자가 배우자를 선택하는 가장 중요한 기준은 남자의 능력과 남자에 대한 믿음이다.

* 여자가 남자를 선택하는 데는 순서가 있다. 먼저 자기에게 접근하는 남자에게 관심을 보이고 이 남자가 능력이 있는지 살펴본다. 마지막으로 나를 끝까지 지켜줄 수 있을지 고민한 끝에 함께할 수 있는 남자라고 판단이 되면 결혼하게 된다.

  필자는 산부인과 전공의 과정을 수료하고 전문의가 되었지만 아직도 부족한 부분은 특강이나 세미나를 통해서 해결하고 있다. 그러나 아무 강의에나 가는 것은 아니다. 내가 익히 알고 있는 내용을 다루는 세미나는 관심이 없고 나에게 부족한 부분을 다루는 세미나에 주로 가는 편이다.
  사람과의 관계도 마찬가지다. 나에게 없는 장점을 친구가 가지고 있다면 그 친구와 더 친해지려고 노력할 것이다. 또한 이성과의 관계는 어떠한가? 이성에 대한 호기심은 어디에서 오는가? 역시 쉽게 생각할 일이다. 이성에겐 내가 가지고 있지 않는 (동성끼리에서는 볼 수 없는) 그 무엇이 있기에 끌리는 것이다. 이성의 외모가 될 수 있고, 상대의 능력이나 부드러운 성격이 될 수도 있다. 그리고 자신의 부족한 면을 채워 주길 바란다.
  반면에 성취욕이 강한 여성이나, 여성 성향이 심한 남성은 결코 상대 이성으로부터 환영받지 못한다. 남성들은 공격성을 보이고 이기적인 여성으로부터는 여성성을 느끼지 못하며, 수동적이고 의지만 하려는 남성은 여성들의 관심을 오래 끌 수가 없다는 뜻이다. 자신의 부족한 면을 채워 주는 호감이 가는 이성이 아니라, 오히려 무의식적으로 경쟁 상대 또는 동성이라는 착각을 주기 때문이다.

이상적인 결혼이란?

우리는 이성에게 호기심으로 접근하고 관심을 두고 사귀다가 이 사람이다 싶으면 절대 놓치지 않겠다며 결혼한다. 그러나 결혼 후 남자가 바라는 사랑과 여자가 원하는 사랑 사이에는 큰 틈이 있다는 것을 알아간다.

남녀가 사랑에 빠질 땐 어떠한 충고도 들리지 않고 장밋빛 미래만 보이기 마련이다. 그런데 당신이 결혼을 앞두고 있다면 예식장에 들어가기에 앞서 생각해 봐야 할 현실적 문제가 있다. 사랑하는 상대에 대한 환상만을 품을 게 아니라 결혼 후 닥칠지 모를 불안감은 진정 없는지 고민해 보자. 사랑하는 감정을 잠시 내려놓을 수만 있다면 좀더 객관적으로 평가가 가능하다.

'결혼 후 나의 삶은 내가 의도하는 대로 이어질 수 있는가?'
'이젠 혼자가 아니고 둘이 되고 가족을 만들어 나갈 텐데, 나는 그 날을 맞이할 준비가 되어 있는가?'
'내가 아내로 선택할 사람은 과연 (그 동안 연애 때 상황으로 보아) 내가 바라보는 곳을 같이 바라볼 수 있는 사람인가?

'일과 가정, 또는 꿈과 현실이라는 선택의 갈림길에서 나는 아내의 요구를 어디까지 받아들일 수 있는가?'

'나와 가정의 행복을 위한 계획표에서 남편이 될 사람은 과연 그 역할을 감당할 수 있는가?'

'남편의 욕구와 가정의 행복이 충돌했을 때 남편이 될 사람은 과연 설득당할 사람인가?'

세월이 흐르듯 사랑도 변하기 마련. 결론은 아무리 사랑하는 사이더라도 부부 간의 갈등을 겪은 후에는 배우자에 대한 믿음도 흔들릴 수밖에 없다. 그러므로 '상대의 사랑이 언제까지 지속될 수 있을까'로 판단하는 게 아니라, 내가 '상대의 요구를 얼마만큼 들어줄 자세가 되어 있느냐'가 중요하다.

* *결혼 후에도 상대를 이해해 줄 수 있다는 마음의 준비가 됐다면 그때 결혼을 결심하는 게 좋다.*[40] 물론 본능적으로 끌리는 게 당연하지만 남자는 여자의 외모만을 보고, 여자는 남자의 능력만을 보고 서두르면 안 된다. 상대를 알아 가기엔 턱없는 시간임에도 사랑한다 고백하고 또 그걸 받아들이는 것은 불행의 문을 여는 위험한 일일 수 있다.

최고의 신붓감은 착한 여자, 최고의 신랑감은 성실한 남자[41]

남자들의 가장 큰 본능은 사회적 활동이며 거기서 성공하는 것이므로 아내의 협조가 필수다. 아내의 적극적 내조와 편안한 가정은 남편이 능력을 마음껏 발휘할 수 있는 환경이 된다. 그러므로 여자의 외모가 아니라 상대를 배려할 줄 아는 '착한 성격' 여부가 남자 측에서 결혼 전 첫째로 헤아려야 할 현안이 되는 것이다.

반면 결혼 상대자로서 최악의 신붓감은 요구만 할 줄 아는 여성이다. 상대를 이해한다면 자신도 일부 내려놓을 줄 알아야 한다. 협상 때 조건을 많이 걸거나 이기려고만 하는 자세를 보이는 자와 굳이 마주앉을 필요가 없다. 이런 성격의 여성과 결혼한다면 틀림없이 남편의 활동에 제약이 따를 것이다. 물론 그녀가 한창 사랑스러울 때엔 내가 다 양보할 수 있다며, 이해하며 살 자신이 있다고 생각할 수 있다. 몇 달, 아니 몇 년은 그렇게 살아갈 수도 있다. 그러나 영원한 사랑은 없기에 언젠가는 억누르고 참았던 남편의 본능이 튀어나온다. 마침내 부부 갈등이 폭발한다면 그동안 서로 맞춰 살아왔던 가정에서의 불화보다 더 큰 위기다. 여성이 변하지 않는 한 파국으로 치닫는 경우가 많다.

- 남자에게 있어 최고의 재산은 마음씨 고운 아내이다. / 에우리피데스

원시시대부터 여자들의 가장 큰 두려움 중 하나는 남자로부터 멀어지는 거였다. 행복한 가정을 위해서는 남편의 참여가 필요조건이지 그의 재산이 아니다. 오히려 가진 자가 더한다고 남자가 재산도 충분하면서 재주나 큰 포부가 있다면 본능적으로 가정보다는 사회적 성공을 향해 더 매진할 것이다.

현실적으로도 자질이 특출나거나 금수저를 가지고 태어난 남자들이

몇이나 되겠나? 모래사장에서 반지를 발견할 아주 낮은 확률에 목매어 결혼 적령기를 놓칠 게 아니라면, 여자가 남자를 고를 때 눈여겨봐야 할 점은 그의 '성실함' 유무이다. 성실하다고 평가받을 만하다면 그 사람은 주위에 쉽게 흔들리지 않고 꾸준히 제 일하면서 살아왔다는 증언이다. 이런 남자들은 자신이 선택한 가정에도 충실할 것이 자명하다.

반면 여자가 꼭 피해야 할 신랑감은 게으른 남성이다. 자신의 일에도 최선은커녕 열심히 안 하는데 어떻게 가정에 희생을 할 수 있겠는가. 사랑한다는 이유로 남자의 나태함을 감싸주지 말라.

여성의 착함을 알기 위해선 집안을 보라. 착한 성격은 하루아침에 생겨나는 게 아니기에 그렇다. 착한 사람 주위에는 반듯한 사람도 있겠지만 그를 이용하려는 사람들도 있다. 그래서 친구를 보고 판단하는 것보단 그 집안사람들을 관찰하는 게 좋다.

남성의 성실성은 그의 주변을 통해 확인할 수 있다. 열심히 사는 동료들이 많을 테고, 그 남성이 살아왔던 삶의 궤적도 바르고 확연할 것이다. 경계해야 할 것은 남성 쪽의 집안 형편은 결혼의 큰 고려 사항이 못 된다는 점이다. 오히려 너무 큰 부富는 남성을 나태하게 했을 수 있다.

한편 남성의 성격이 착하기만 하고 여성이 너무 성실하다면 배우자에겐 희생이 따를 수도 있다. 착한 사람 주위에는 도움을 청하는 사람들이 모여들고 남편 역시 그 요청을 쉽게 뿌리치지 못할 것이다. 만약 아내가 자신의 일에 너무 적극적이다 보면 가정에 소홀하거나 남편과 마찰이 잦을 수 있다.

*남녀가 공통적으로 피해야 할 배우자감으로는 해야 할 일은 뒷전으로 미루고 놀기를 좋아하는 사람이다. 미래에 대한 계획이 없는 사람과는 절대 결혼하면 안 된다. 지금 당장은 편하고 유머러스하더라도 미래를 말하지 않는 상대와는 결혼을 숙고해야 한다.

- 사랑한다는 것은 둘이 마주보는 것이 아니라 함께 같은 방향을 처다보는 것이다. / 생떽쥐베리

부부 갈등은 필연적

부부는 서로에게 가장 이기적인 사람이다. 바라는 것은 많지만 자발적으로 해 주는 것은 적고 배우자가 싫다고 해도 잘 고치지 않는다. 남들 앞에서는 가리고 조심스러워했을 트림이나 방귀도 여과 없이 배출하곤 한다. 이유는 사랑으로 결혼했다지만 그 사랑을 서로 받으려고만 하기에 그렇다.

결혼 후에 부부 관계가 힘들어지는 이유는 서로가 본능으로 회귀하려는 습성 때문이다. 원시시대부터 남성의 본능은 밖에서 사냥하는 것이어서 그들의 머릿속엔 사회적 성취란 꿈이 큰 부분을 차지하고 있다. 반면 여성의 본능은 가족 지키기여서 행복한 가정을 위해선 남편의 참여가 무엇보다 중요하다. 그래서 독립적 성향을 보이는 남자와 의존적 성향을 보이는 여자 사이에서 갈등이 없을 수 없다.

설레고 두근거림으로 서로의 본능을 가렸던 심박동수가 제자리에 올 때 남편들은 예전의 자유를 되찾기 위한 항해를 재개하고 아내들은 불안한 심리의 소리에 귀 기울이고 응답한다. 부부싸움의 근간엔 이러한 mismatch로 인한 갈등이 내재해 있다. 믿었던 신기루와 환상의 무지개가 걷히고 사라지니, 마침내 자유를 향한 갈구와 불안을 잠재우려는 그 지점에서 치열하고도 끝나지 않을 '부부전쟁'이 시작된다.

 여자들은 자신의 남자를 남들과 자꾸 비교한다. 원시시대부터 남자의 능력은 자신의 삶의 질을 결정짓는 척도였기 때문이다.[42] 또한 여자들은 자신의 남자가 자신의 의견을 존중해 주길 바란다. 하지만 남자들은 여자의 요구에 따라가지 못한다. 몸은 집에 있어도 마음은 늘 사냥터에 있었기 때문이다. 남자들은 효과적인 사냥을 위해서는 여자의 말보다는 동료들의 의견이나 유대가 더 중요하다는 것을 본능적으로 알고 있다.

* *부부 갈등의 근본적인 이유는 서로가 다른 곳을 보고 있기 때문이다. 즉 아내는 가정생활을 기준으로 남편을 판단하지만, 남편은 자신의 일을 중심으로 행동하기 때문이다.*[43]

 남녀가 사귀면 '남성들은 여성을 소유'했다고 착각한다. 결혼 후에는 아내를 책임져야 한다는 의무감까지 생긴다. 그래서 남편은 아내를 같은 동료로 여기기보다는 나에게 보호받아야 할 존재로 생각하며 아내의 말을 듣고 있어도 귀담지는 않는다. 남편의 이러한 신념 때문에 종종 아내를 무시하기도 한다.
 한편 여성들은 남성과의 만남이 잦아질수록 그 남성에 의지하고 싶어진다. 남자는 결혼 전부터 인생의 계획서를 작성하지만, 여자는 결혼 전후로 인생의 계획서를 다시 짠다.44 자신의 의도대로 남편이 따라 주길 원했던, 원시시대 여성들의 바람은 현재도 마찬가지다. 아내들은 남편을 자신과 동일시하는 경향을 보이며 자신의 말을 끝까지 듣고 남편이 공감해 주길 바란다.45 그래서 남편의 못마땅한 반응에는 잘 참질 못한다. 이처럼 아내의 '나와 남편은 같은 생각' 철학은 때때로 남편의 의견을 간과하게 한다.

이렇듯 본능은 자신의 정체성 유지에 큰 역할을 한다. 하지만 상대의 본능 또한 '싸운 다음날에도 맡은 일은 해야 하는 이쪽 배우자의 속성'을 간과하고, 배우자의 그런 '모태 본능'을 숙주 삼아 화난 배우자 앞에서도 물러서지 않고 자기의 욕구를 채워 나가게 한다. 그렇다면 이들은 과연 갈등에 마침표를 찍을 수는 있기나 할까?

'언제 닥칠지도 모를 불행'에 대한 걱정들이 불현듯 사람들의 뇌리를 스쳐가곤 한다. 간혹 그 걱정들이 깊이 머물다 싶을 땐 두려움은 어김없이 얼굴을 내밀어 시야를 가린다. 뿌연 오늘은 아내를, 안개 낀 내일은 남편을 불안케 할 것이다.

그래서 서로 다른 그 두려움의 뿌리를 짚고 넘어가는 게 부부 문제 해결의 출발점이다. 부부 갈등에 내재돼 있는 근본 원인의 분석이 없다면 부부싸움은 반복될 수밖에 없다. 마지못해 등 떠밀린 배우자보단 활기찬 배우자를 곁에 두는 게 자신의 욕구 실현에도 이롭다. 즉 자신의 욕심만을 내세워 미리 갈등을 부르기에 앞서 배우자가 자신의 요구를 들어줄 수 있는 여건이 되는지 눈을 돌려야 한다. 표면에 가려졌지만 짙게 깔려 있을 두려움의 밑까지 봐야 한다. 그리고 그 두려움을 보고 이렇게 말한다.
"난 영원히 당신 편이야." [46]

- 사랑의 반대말은 무관심이다. / 발자크

남녀가 느끼는 스트레스는 같을까?

선진국인 미국도 1920년이 돼서야 여성들의 선거권이 인정됐으며, 남녀평등권이라는 제도가 실행된 것도 고작 몇 십 년이다. 아직도 여성들의 사회적 진출에 제약이나 남녀를 바라보는 인식에 차등이 남아 있다. 원시시대부터 내려온 여성들의 '열등 콤플렉스' 본능은 여전하며, 이로 인해 남성들에 비해 스트레스에 더 약할 수밖에 없다.

남녀를 구분하는 성 염색체는 X와 Y다. 그런데 실은 남성의 Y는 여성의 X보다 훨씬 작다. 그럼에도 Y염색체는 막강한 힘을 갖는다. 태아 고환을 만들고 남성의 상징인 테스토스테론을 분비케 한다. 이 호르몬은 근육 크기에 절대적인 영향을 미치며 근육질의 남성 모습을 여성과 확연히 다르게 한다. 이런 power의 차이가 스트레스에 대한 남녀의 다른 반응으로 나타난다.

현실에선 엄연히 여성혐오가 존재하고 흉악 범죄에 희생된 다수가 힘없는 여성들이다. 인구의 반은 여자라지만, 여성들은 좀더 억압받고 범죄에 더 노출되는 사실상의 차별받는 소수자들이다. 이뿐만이 아니다. 일부 사회적 리더들의, 또는 일부 종교의 교리에서도 여성 차별적 발언이나 문구가 아직도 존재한다.

가사家事에 있어 남편들은 수동적 착취자이다. 노老과부가 노부부의 여성보다 행복지수가 높다고 한다. 반대로 아내와 사별한 남성의 삶의 질은 떨어진다는 연구 보고도 있다. 아내들이 가사노동을 얼마나 힘들어 하고, 남편들은 가사를 아내에게 얼마나 의존했는지 알 수 있다.

퇴근 준비하는 남편의 휴대폰이 울린다.
"여보, 애가 전화를 안 받아. 한 시간 전에 전화가 왔었는데 내가 못 받았어. 여보, 어떡하지? 무슨 일은 없겠지? 아니, 당신이 학원 근처에 가 봐. 학원에선 수업 끝나고 바로 나갔다는데.. 내가 놀이터를 다 뒤졌는데도 애가 안 보여. 당신 알지? 나, 애 잘못 되면 못 사는 거."
"여보, 좀 진정하고. 근데 애 친구들한텐 전화는 해 봤어?"
"아, 맞다! 지금 바로 해 볼게."
"나도 학원 근처 좀 찾아볼 테니까 너무 걱정하지 말구."

학원 수업이 끝났는데도 집에 돌아오지 않은 아이 때문에 아내는 불안해하며 울먹인다. 아이가 휴대폰도 안 받는단다. 아내의 과도한 불안에는 이유가 있다. 아이는 아직 초등학생이며 여자 아이다. 더구나 요즘엔 아동성폭행 뉴스도 잦다.

물론 대부분 탈 없이 집에 오거나 별일이 없다. 어디선가 친구들과 어울렸을 테다. 어울리다 보니 시끄러워서 휴대폰 벨소리를 못 들었거나 전원이 꺼졌을 거다. 그럼에도 아내는 불안하다. (여성들의 감성 촉수는 약자와 피해자들에 먼저 반응한다고 했다.)

남편이 막 회사 밖을 나서려는 차에 다시 벨이 울린다.
"여보, 방금 애 들어왔어."
아이가 안 보일 때 잃어버리지나 않을까 심히 걱정하는 아내나, 부부싸움 때 그토록 독했던 아내는 같은 사람이다. 느닷없이 화를 내거나 눈물도 많은 여자들이다. 물론 남편이 죽을 때도 아내는 누구보다 더 많이 울어줄 것이다.

밖에 나가 있는 남편이 이유 없이 연락이 되지 않을 때 아내들은 불안해하거나 화를 내곤 한다. 자기를 지켜줘야 할 남편에게 무슨 사고는 나지 않았는지, 또는 남편이 자기를 버리고 도망가지나 않을까 하는 무의식적 두려움이 잠재해 있다.

대부분의 조사에서 보면 우울증은 남성들에 비해 여성들에 2배 더 많다. 쉽게 병원을 가지 못하거나 치료받지 않는 여성들의 현실을 보자면 남녀의 발병률 차이는 더 크다 할 것이다. 우리나라의 자살률은 세계 1위지만 우울증약 복용률은 최하위인 것만 보더라도 특히나 한국 여성들의 우울증은 심각하다. 성인 8명 중 1명꼴로 우울증 경험을 갖고 있으나 실제로 치료받은 경우는 10%밖에 안 된다. 세계보건기구인 WHO가 2020년쯤엔 '우울증이 심장질환에 이어서 제 2위의 질병으로 올라설 것'이라고 예측하기도 했다. 이렇듯 아내가, 엄마가 스트레스를 해소하지 못하니 쌓여서 폭발하거나 가정 내 갈등을 유발한다.

집안이 휴식처인 남편들에 비하여 아내들은 집안이 휴식처이기도 하지만 일터이기도 하다. '아내'의 손이 가는 곳마다, '엄마'로서의 말 한마디가 가정의 행복을 지향한다. 자신의 의도대로 가정이 돌아갈 때 아내는 행복감을 얻지만, 남편의 사랑은 예전 같지 않고 애들마저 사춘기로 접어들 때 홀로 남겨진 것 같아 외롭기도 하다.

'나는 뭐지?'

나이를 더 먹으면 갱년기까지 온다.

결혼한 여자가 겪는 우울증의 시발점은 주로 부부 사이의 원만하지 못한 관계에서 비롯된다. 직장이나 대인관계의 장애로 인한 우울증도 있지만 일보다는 자신이나 가정에서 원인을 찾을 수 있다.

남편들은 밖에서는 일에 대한 스트레스, 집에서는 아내의 간섭이 가장 큰 스트레스다. 하지만 남편들은 집을 나오면 아내로부터 해방되니 하나의 큰 스트레스 유발자와 멀어지는 것이며, 일에 대한 성취감이나 휴식 등으로 스트레스 해소가 가능하다. 한편 아내들은 커리어우먼이든 아니든 가정이 최대 관심사다. 집에 있으면서도 가사노동을 회피하는 남편들에 비해서, 집 안이든 집 밖에 있든 온갖 집안일에 신경써야 하는 게 엄마와 아내로서 짊어진 짐이다.

한번 생각해 보자. 여성들이 본격적으로 사회 진출을 했던 시기가 채 몇 십 년밖에 안 된다. 그런데 동굴이든 움집이든 그 테두리 안에서만 살았던 시기는 몇 십만 년 이상이었으니, 예전 선사시대 여성들이 그렇게 살았던 방식과 사고는 여전히 현대 여성들의 무의식에 존재한다. 이러니 집을 나섰다고 해도 아내들의 가정에 대한 책임감은 없어지는 게 아니다. 잠시 멈추는 것뿐이다.

그리고 한편으론 시대가 바뀌었음에도 가사노동을 아직도 아내의 몫이라고만 생각하는 남편에 화가 난다. 맞벌이 가정에서도 남편은 집에서 쉬고 싶어하지만 아내는 가사를 도와주지 않는 남편이 무척이나 실망스럽다. 행복한 곳이 되어야 할 가정이 이처럼 종종 아내들의 스트레스 원천이 돼 버리는 모순적 상황이 되곤 한다.

남성들은 가족을 부양해야 할 책임은 있어도 가정 안에서 해야 할 큰 의무란 없다고 생각한다. 원시시대 때 남성의 주된 의무는 사냥이었다. 사냥 이외의 시간도 대개는 다음 사냥을 위한 준비와 휴식의 흐름이었을 것이다. ('원시남성'의 사전에 아내를 위한 시간이 따로 존재했다면 오히려 그게 이상할 정도다.) 인간은 잡아야 할 동물이나 짐승에 비해 강하지도 빠르지도 않으니 남성들의 생활 패턴도 오직 일을 중심으로 변화되어 왔다.

경쟁이 심해지고 낯선 사람들과 접할 기회가 많아질수록 그 속에서 받는 스트레스도 증가한다. 전체 연령에서의 스트레스는 여자에 더 많지만 일에 대한 성과와 사회적 낙오에 대한 불안감은 특히 30~40대 남자들에 더 많다. 남편들의 사업 실패 두려움이나 회사에선 언제 밀려날지 모를 실직에 대한 공포는 생각 외로 크다. 한 가정의 가장이라는 책임감은 늘 무거운 짐이자 스트레스다.

그런데 가족에게 위로를 받지 못하고 집이 편치 않다면 남편들은 밖에서 스트레스를 푼다. 이런 상황이 반복될수록 남편은 가정에 더 무관심해진다.

* 업무과로로 숨지는 사람 대부분은 남성이고, 워킹맘은 퇴근 후엔 집으로 출근하러 간다는 현실이다.

'우리가 가장 두려워하는 것은?

　원시시대를 겪어오면서 인간은 많은 경험을 축적한 반면 두려움도 알게 되었다. '낙오나 되지 않을까 하는 걱정'은 이제 남자들의 표정에서도 읽혀지고, '남성이 끝까지 잘해 줄까 하는 의심병'은 여자들의 고민거리로 똬리를 튼 지 오래다. 이렇듯 남녀가 가장 두려워하는 대상은 서로 달랐고, 그 대상은 '죽음의 공포'와 함께 남녀가 느끼는 또 다른 두려움의 근간을 이룬다.

　강박증을 지닌 남자들의 수는 여자들보다 많고, 여자들의 우울증 발병은 남자들을 압도한다. 때때로 정신질환은 유전경향을 보이곤 하는데, '이러한 남녀의 정신질환 발병률 차이는 유전적인 차이에서 올 수 있다'라는 최근 보고에 의해서도 잘 나타나 있다.

　'원시남성'들은 바스락거리는 소리나 바람에 흔들리는 나뭇가지에도 긴장했다. 사냥터에서 특히 완벽함이 요구되는 습성과 집단에서 뒤처질 수도 있다는 미래에 대한 불안, 그래서 실수하지 않겠다는 의식 저편의 거친 숨소리가 남자들의 강박증을 키운다. 여자들은 어떠한가? '원시여성'들의 가장 큰 본능은 남자의 보호를 받아 잘 먹고 잘 살아가는 것이었다. 그런데 굶는 날도 생기고 남자에게 버림받거나 여자를 지켜주는 남자들의 죽음을 경험하기도 한다. 그럼에도 역시나 혼자 힘으로는 생존을 해결할 수 없다는 현실에 여자들은 우울하다.

* 만약 지금 당신의 마음이 불안한 상태라면 그대로 받아들여라. 불안함은 당신의 잘못이 아니다. 당신의 잘못도 아닌데 당신이 불행해서야 되겠는가? 그저 그 생존 본능 탓이고 우리는 그 본능을 이길 수도 없다. 차라리 그 불안함을 인정해 버리는 게 덜 긴장되는 길이다. 긴장이 줄어들면 쉽게 풀릴 것이다.

– 행복은 우리 자신에게 달려있다. / 아리스토텔레스

왜 사랑하고 헤어질까

'서로다름'을 "너가 틀리다!"로 말하지말라.
지는거라 생각하니 사과하거나
먼저 내려놓기가 어려운 법이다.
내가 먼저 다가서면
상대의 화도

헤어지기 직전까지
서로에 대해 미련이 없는 부부 없다
당신의 배우자도 마찬가지다.

그

바람직

머리로 계산하지 않
가슴으로 받아

제2장

결국엔 사랑이 남는다

장작이 타들어가야
환한 불빛을 내듯이 누군가는
먼저 주는 사랑이 뒷받침 되어야
행복한 가정의 선결 조건이 된다.

2장을 시작하며 -

　처음 만난 남자에게 여자의 최고의 무기는 외모이다. 젊고 예쁜 여자라는 점만으로도 남자를 사로잡을 수 있다.[47] 그 외에는 연애를 하는 데 큰 문제가 안 되며 애인에게 귀엽고 발랄하게 행동하는 여자는 남자의 사랑을 받는 데 충분하다. 한편 여자는 남자에 호감이 가더라도 과연 믿을 수는 있는지, 이 남자가 얼마나 나를 위해 줄지 헤아린다.
　그런데 친절해 보이고 믿음직해서 선택했던 남자가, 아름다워 보이고 매력적이었던 여자가 시간이 지나자 달라 보이기 시작한다. 예전엔 아내의 작은 변신에도 감동하고 예뻐 보였지만 호기심이 바닥난 지금에는 그렇지가 않다. 연애 때 보여준 남편의 따뜻하고 자상한 말은 없어지고 날 지켜주겠다던 그이의 다짐은 결혼 후엔 간혹 폭력으로 다가오기도 한다.

　시작보다 끝이 중요하고 만남보다 헤어짐이 안타깝기에 갈라설 때라도 예의는 지켜야 한다. 하물며 같이 살고 있을 때는 두말할 나위가 없다.[48] 함부로 내뱉은 말은 배우자에게 상처를 남기며 갈등이 커진다면 결국엔 파국으로 치달릴 수밖에 없다는 것을 알아야 한다. 그러므로 결혼 초부터 서로에 대해 알아가는 것이 진정 필요하다.

본능의 차이 때문에 남녀 사이에는 근본적인 갈등의 씨를 내포하고 있다. 그런데 본인도 어찌할 수 없고 쉽게 고쳐지지 않은 본능을 배우자가 막 고치려 하면 안 된다. 오히려 갈등이 커질수록 상대의 본능과 성격을 이해하려는 노력이 필요하다.[49]

　　- 사랑의 비극이란 없다. 사랑이 없는 가운데서만 비극이 있다. / 데스카

동상이몽 同床異夢

여전히 아내들은 결혼 후에도 자신의 외모에 민감하다. 비록 조그만 외모의 변화이지만 자신의 남자가 관심 있게 봐주었으면 한다. 물론 긍정적인 답변을 기대하면서 말이다. 그런데 아내를 향한 남편의 호기심은 연애 때에 절정을 이루고 신혼 초를 지나 하향곡선을 그리면서, 지금쯤 아이가 있다면 바닥 언저리를 지나고 있을 테다. 도리어 아내를 너무 알아 버려서 싫증날 때도 있다.

그러나 다행히도 남편의 호기심이 완전히 사라진 것은 아니다. 남편은 전과 다른 아내의 모습에 호기심을 느낄 수 있다. 그렇지만 겉보다는 내용이 달라져야 한다.[50] 남들도 다 있는 운전면허증을 뒤늦게 아내가 취득했다고 해서 남편이 같이 기뻐해야 할 이유는 없으며, 남들

도 다 하는 파마나 웨이브 역시 이젠 새롭지가 않다. 오히려 초보 운전 실력에 속 터지고 너무 자주 미장원에 간다며 핀잔을 줄지도 모른다.

반면 시댁과의 갈등을 원만히 해결하는 아내의 모습에서 새로움은 피어나고, 아내가 자기 분야에서 뜻밖의 두각을 보일 때 전에 없던 여성性의 향기가 풍기곤 한다. 남편들은 예쁜 옷을 입은 아내보다 S라인 몸매의 아내와 같이 걷고 싶고 그런 아내에 더 눈길을 준다는 걸 알아야 한다.

밤늦게까지 이어지는 남자들의 술자리에서 유독 자신에게만 귀가를 독촉하는 아내의 전화가 온다며, 내 아내는 날 너무 통제한다고 생각할지 모른다. 퇴근 후에 갖는 회식도 일의 연속이고 친구들과의 우정도 중요한데, 남편으로선 '아내가 나를 동료들 사이에서 따돌림을 받게 한다'며 불평을 가질 만도 하다. 그러나 당신의 아내만 그런 것이 아니다. 다른 남자들도 그런 경험을 이미 겪었거나 앞으로 겪을 것이기 때문이다. 그 차이뿐이다. 그 상황에서 당신만 그랬을 뿐이다.

아내의 입장에서는 남편의 직장 동료나 친구들은 아내의 동료나 친구가 아니다. 설혹 아내가 그 사람들을 잘 알고 있다고 하더라도 아내의 생각은 크게 달라지지 않는다. 아내보다 다른 사람에게 더 신경을 쓰고 가정보다 다른 일에 시간을 더 내는 남편에게 아내는 화가 난 것뿐이다.[51] 남편의 사회생활을 방해하려는 의도가 아니고 아내의 전화는 '밤이 너무 늦었고 당신은 우리를 지켜줘야 할 남편이기에 술을 그만 마시라'는 메시지인 것이다.

'남편은 아내를 외롭게 만들고 아내는 남편을 지치게 한다'

남편은 아내가 챙겨주는 걸 항상 좋아하는 건 아니다. 오히려 아내의 입장에서 도와준다는 것이 남편에게는 간섭으로 느껴지기도 한다.[52] 출근하기 전 양말은 당연히 신어야 하기에 양말을 챙겨주는 아내는 고맙지만, (평소 건강에 신경쓰지 않는 남편이라면) 아내가 출근 전 양배추 즙을 들이미는 것은 남편에겐 싫거나 귀찮은 일일 수 있다. 그리고 일에 집중할 때 끼어드는 아내의 친절은 싫기도 하다. 남자에게 있어 가장 중요한, '일 하는 것이 중단'되기 때문이다. 남편은 아내의 친절을 생각하기 전에 그 짧은 순간 본능적으로 방해받았다고 생각한다.

반면 아내는 부부 사이의 일을 항상 공유하고 싶어하지만 상의 없이 혼자서만 하려는 남편 때문에 소외감이 든다. 또한 도움이 되었으면 하고 옆에서 챙겨주는 것에 대해 오히려 힘들어하는 남편을 도저히 이해할 수가 없다.

이렇듯 남녀 사이 오랜 본능의 차이 때문에 남편은 아내의 바람대로 따라주지 않고, 아내는 남편이 원하는 대로 움직여 주지 않는다.[53] "좀 더 관심을 가져달라."는 아내의 말이 되풀이 되다보면 남편에게는 아내가 자신을 통제하려 한다는 의미로 읽혀지고, "제발 혼자 있게 놔두라."는 남편의 요구가 아내에게는 자신에게서 멀어지려고만 하는 남편으로 보여지곤 한다.

부부 갈등 해결에 도움이 되는 책을 읽어 봐도, 남녀 간의 차이점을 인정한다 해도 막상 부부 간의 문제는 항상 크게 다가온다. 오직 사랑만으로 버티기에는 몇 십 년의 세월은 길게만 느껴지는데 해결 방법은 과연 있는 것인가?

- 강한 인간이 되고 싶다면, 물과 같아야 한다. / 노자

서로 알아가기

여자가 매력적으로 보인다면 남자는 그 하나만으로도 그 여자를 좋아할 수 있다. 그 여자의 능력이나 배경, 심지어 그 여자가 자기를 사랑하느냐 아니냐를 가지고 남자들은 애써 숙고하지는 않는다. 반면 여자의 사랑은 남자의 관심을 먹고 자라고 남자가 믿음을 줘야 결혼을 생각한다. 남자의 매력은 선택사항일 뿐이다.[54]

* 여성은 최대한 자신을 감추거나 온순한 척하고 남성은 자신의 능력을 과장하여 보여 주는 게 상대 이성에게 어필할 수 있다지만, 결국 이런 눈속임은 오래 가지 못한다. 상대를 진실로 대하는 것만이 오랜 사랑을 보장한다.

여자가 먼저 대화하자는 것은 '(내가 잘 모르니) 가르쳐 주세요'가 아니라 주로 '(내 뜻이 이러니) 공감해 주세요'란 의미일 때가 많다. 대화하는 상대가 남편이든, 친구든, 부모든, 자식들이든, 그 누구든 여자들은 공감 받길 원한다. 원시시대 때 나약한 여성들에겐 자신의 편을 들어주는 사람들이 제일 고마웠을 테다. 부부 간에 다툼이 있을 때에도 아내들은 집안일의 주도권을 갖고 싶어하며 남편은 따라 주길 원할 뿐이다. 그런데 가정에서 아내의 요구가 많아질수록, 남편은 집 밖에서의 자신이 원하는 일이 아내 때문에 좌절될까봐 오히려 선뜻 아내의 말에 동조하는 걸 주저하게 된다.

남자들의 대화는 '문제를 해결하기 위한 수단'이지만, 여자들에게 있어서 대화란 '공감의 다른 이름'이다. 다툼이 심할수록 논리적으로 조정이 되어야 남자들은 화해에 다다를 수 있고, 여자들의 경우엔 한쪽이 먼저 미안하다고 할 때야 화해를 시도해 볼 수 있다.

남편과 둘째 애가 책을 읽고 있는데 아내가 프린트된 용지를 남편에게 보여주면서,
"여보, 어제 올바른 독서에 대한 세미나가 있어서 들었는데, 내용이 괜찮더라구. 자기부터 지금 읽어보고 여기 사인^{sign}해. 애들도 읽어 보게 할 거니까. 알았지?"
"아, 싫어! 나 지금 책 읽고 있잖아."
남편은 거부 의사를 밝히며 다른 방으로 간다. 아내는 화가 났는지 쫓아와서 한소릴 한다.
"애 있는 데서 왜 그래? 내가 하자는 대로 해 주면 안 돼? 도대체 당신은 왜 모든 게 부정적이야!"
"아니, 안 읽겠다는 게 아니라.."

아내는 애 앞에서 자신에게 막 대하는 남편의 행동에 화가 났다. 그런데 남편은 아내를 무시할 의도는 없었고, 단지 그 시간에 이미 책을 읽고 있는 자기에게 지금 다른 것을 강요한 점이 못마땅했을 뿐이다. 그 시점에 남편에게 최선은 자신이 선택한 책을 읽는 일이었을 테다. 오히려 남편은 아내가 자신의 독서를 방해했다고 느끼지 않았을까?(아내들 화의 9할은 가정문제 때문이지만 남편이 화가 난 이유의 대부분은 자신과 관련이 있다고 했었다. 서로 간의 충돌이 있을 수밖에 없는 상황이다.)

그래서 남편에 부탁하거나 도움이 필요할 땐 남편의 자발적 참여를 이끌어 내는 게 좋다. 그렇다면 아내의 말투부터 바꿔야 한다.

"여보, 나 어제 독서 관련해서 세미나에 갔다 왔는데, 내용이 애들에게도 그렇고 도움이 될 것 같아. 자기도 시간 날 때 한번 읽어봐. 여기에 놔둘게."

남편은 자리를 옮기지도 않고 자신의 책을 읽다가 얼마 안 돼 그 용지를 볼 것이다.

남자들은 자신이 의도하는 일에는 전광석화와 같은 빠른 결정을 내리고 적극적이다. 원시시대부터 습득된 학습효과이다. 짐승이나 적 앞에서 머뭇거리다간 자신의 목숨이 위험했기 때문이다. 하지만 계획하지 않는 일에는 망설인다.[55] 오히려 아니다 싶으면 신속하게 피하는 본능이 아직도 몸에 배어 있다. 그래서 흥미를 끌지 못한 일이나, 자신의 본성을 제어하려는 아내의 요구에 남편들은 대개 수동적 반응을 보이거나 피하고 심지어 반항한다.

* 원시시대 때 남자들의 의미 있는 행동의 대부분은 사냥이었듯 지금도 남자들은 '자신에게 꼭 필요한 경우'에만 능동적으로 움직인다.

대판 부부싸움을 한 지 며칠이 지났다. 주말 오후, 애들은 아직 학원에 있는 시각이라 부부끼리 늦은 점심을 하고 있다. 아내가 남편에게,
"여보, 저번에 말했었지. 내일 애들 데리고 직업체험 가기로 했다고. 10시에 시작인데 좀 빨리 출발해야 돼. 한 시간 넘게 걸릴 거야."
남편은 그때 싸운 일도 있고 해서 좀 서먹했던 차에 아내의 말은 단비와도 같은 소리였다. 실은 남편도 이번 주말에 뭘 할까 고민 중이었다. 마침 잘 됐다 싶어 맞장구를 친다.
"아, 맞다 맞아. 여보, 그럼 오늘은 뭐 할까? 요즘에 볼만한 영화가 있더라구. 저녁에 우리 둘만 영화 보러가는 건 어때?"
남편 말이 끝나자마자 갑자기 아내는 숟가락을 탁 놓으며,
"아니, 애들 앞에서 싸우는 모습 보이기 싫어서 넘어가니까 당신은 아직도 사과를 안 하지! 진짜 모르겠어? 나는 지금 쇼하고 있는 거야. 나 아직 화 안 풀렸거든. 그러니 내 옆에 올 생각도 하지 마!"
남편은 의자를 밀치고 가버린 아내의 뒷모습만 멍하니 쳐다보고 있다.

아내들은 가사노동뿐만이 아니라 집안의 경조사와 명절 때 음식을 준비하고 뒤처리하는 것도, 또는 여행 전후로 짐을 싸고 푸는 것도 주로 자신들의 차지라는 게 늘 불만이다. 그럼에도 아내의 집안일은 멈출 수 없듯이 남편과의 사이가 안 좋아도 애들 교육에 소홀할 수는 없다.

한편 남편은 부부싸움도 혼자서 마무리하려 한다. 혼자서 마음껏 정리하고 해결했다고 착각한다.[56] 그리고 아내에게 다가가려 한다. 그러나 문제가 해결이 안 된 상태라면 아내의 화는 쉽게 풀리지 않는다.

'아내들의 불만은 잦고 쌓이지만, 남편들의 화는 날카로우나 흩어져 버린다'

이 말은 아내들은 여전히 남편의 협조를 바란다는 속뜻이고 남편들의 머릿속에는 아내와의 관계 설정이라는 공간이 크지 않다는 자기 고백이기도 하다. 그러기에 부부싸움 후 아내들은 남편의 사과가 필수라 생각한 반면 남편들은 화해라는 과정이 없이도 아내와의 다툼이 그쳐지길 원한다.

남자는 변화를 시도하고 여자는 안정적인 환경을 원한다고 했지만, 가정 내 문제만큼은 해결 방법론에서 보수적인 남편과 적극적인 아내의 입장으로 반전되곤 한다. 간곡한 아내의 요구에 마지못해 응했던 부부상담이라면 상담사의 질문에도 남편은 몸을 뒤로 뺀 채 앉으며, 좀처럼 말문을 열지 않을 것이다.

\# 늦은 밤 1시 30분경, 초등학교 6학년인 큰애가 아직 깨어 있다. 엄마가 자신의 스마트폰을 가져갔다고 어서 달라고 벌써 1시간째 실랑이다. 밤중이라면 어차피 자야 할 시간인데 아이는 꼭 해야 할 일이 있었던 걸까? 애는 최근에 인기 아이돌 '팬카페'에 등록했는데 그 시간에 글을 남기고 싶었던 거다. 그래서 요즘 스마트폰에 푹 빠져있다. 엄마는 이번 기회에 애의 버릇을 확실히 잡겠다며 각오가 대단하다.

"숙제 다 끝나고 준다고 했는데 아직도 덜 했잖아. 그리고 투정부릴 시간에 벌써 다 했겠다."

애도 지지 않고 말한다.

"아니, 내 휴대폰을 왜 엄마가 관리해요? 내가 조절할 수 있단 말이에요. 숙제도 거의 다 했어요. 아니, 수학숙제는 내일 학원 가기 전에 할 수 있어요."

남편은 각방을 쓴지 며칠 됐다. 큰애가 밤늦게까지 스마트폰을 보다가 요새 학교에 지각을 한다. 말리는 엄마와 늦게까지 하겠다는 애 사이에서 아빠마저 잠을 설칠 수 없었기 때문이었다. 밤 12시쯤 잠결에 바이올린 소리를 얼핏 들었던 것 같다. 그 뒤 계속되는 시끄러운 소리에 남편은 결국 잠을 깨고 말았다.

"○○, 너는 왜 소리를 지르니? 아랫집에 다 들린다구. 지금 몇 시인 줄 알아? 휴대폰이고 뭐고 빨리 자. 그리고 당신은 왜 한밤중에 바이올린 연습을 시켜? 집안 꼴 잘 돌아간다. 아이코, 이게 사는 건가!"

한 10여 분 후 상황은 정리되고 아내가 남편을 불렀다.

"당신, 미쳤어? 왜, 애 앞에서 바이올린 이야기를 해서 날 당황하게 만들어? 스마트폰에 중독된 애를 나무라도 시원찮을 판에 도대체 나한테 왜 그래? 이렇게 된 건 다 당신이 문제야. 자긴 내 편이 돼 줘야지!"

남편은 아내의 싫은 소리에 같이 큰소릴 내려다 꾹 참는다.

"뭐? 내 편? 당신이야 말로 내 기분을 알아? 지금까지 애를 누가 키웠는데! '숙제 못하고 지각하면 어쩌지? 그런 걱정 말고 그냥 놔두면 안 돼? 결과를 보고 안 되면 그 때 벌을 내리면 되잖아. 새벽에 뭐 하는 짓이냐구."

"나는 어떡하든지 애 습관을 바로잡으려고 하는데.. 바이올린 선생님이 꼭 연습시키라고 부탁을 했단 말이야. 소리도 작게 들리게 해 줬어. 근데 애가 안 했잖아. 나도 요 며칠 잠도 못 자고 피곤해서 죽겠는데 당신은 내가 불쌍하지도 않아?"

이후에도 아내의 하소연은 30여 분 이어졌다. 남편은 싸움이 커지고 길어질까 바, 더이상 대꾸는 하지 않고 서재 방으로 갔다. 사실 남편은 애 문제 때문에 아내와 사이가 안 좋다. 어제도 한판 싸웠었다.

부부싸움 후에도 아내는 남편의 관심을 받고 싶어한다. 여자는 자신이 사랑받고 있을 때 비로소 존재감을 느끼기에, 남편의 기분은 아내에게 첫 번째 고려 대상이 아니다.[57] 아내의 화로 인해 남편의 기분이 상해도 아내는 남편이 자신을 따뜻하게 감싸주지 않는 이상, 화를 멈추지 않는 경우가 많다. 남편이 생각하기에 자신이 아내나 가정에 특별히 잘못한 것이 없는데도 말이다.

- 가정에서 아내에게 기를 펴지 못하고 지내는 남편은 밖에서도 굽실거리며 쩔쩔매게 된다. / 워싱턴 어빙

* 여자들이 원하는 인생의 큰 가치는 행복한 가정이기에 남편이 가정에 소홀히 한다면 아내는 밤새워 부부싸움을 할 수 있지만, 남편에게는 다음날 일하는 것이 더 중요하기 때문에 문제가 해결이 안 되더라도 대화를 길게 하질 못한다.[58]

아내가 바가지를 많이 긁는 것은 남편이 여전히 자신을 지지해 줄 거라는 믿음을 되새기고 싶은 무의식의 발로이다. 남편의 도움으로 자신을 일으켜 세워달라는 아내의 신호인 경우가 대부분이다.

잔소리로 들릴지언정 사실 아내가 그토록 해대는 말은 남편을 향한 그리움이다. 아직도 예전 사랑의 끈을 놓고 싶지 않은 아내의 가련한 마음이다. 이런 마음을 이해한다면 남편은 아내의 거친 말투에 반격할 게 아니라 그 속에 들어있는 아내의 호소에 관심을 보여야 한다. 그렇다면 아무리 큰 부부싸움이라도 밤샘까진 가지 않는다.

아내들은 남편이 관심을 두고 있는 일도 그로 인해서 행복한 가정 만들기에 장애가 되지 않을까 염려한다.[59] 친구들 모임이나 직장 내 회식 자리도 남편이 삼갔으면 하는 마음이며, 그래서 오늘도 남편에게 '쇠귀에 경 읽기'를 한다.

간혹 아내들은 남편을 옆집 아저씨와 비교한다. 모임에 갔다 와선 남편 들으라고 친구 남편을 칭찬하고, 남편이 옆에 있어도 드라마 속 남자 연예인을 보고선 멋있다고 말한다. TV에서 황혼 이혼 뉴스가 나오자 남편을 향해 "나에게 잘해!"라고 경고까지 한다.

대부분의 남편들은 아내를 옆에 두고 젊은 아가씨를 입에 담지 않으며 예쁜 연예인이 TV에 나오더라도 아내와 비교하지 않는다. 대화를 할 것인지 싸움으로 번질 것인지는 주로 아내의 입에 달려있다. 물론 아내의 진심은 '다른 남자와 멋진 사랑을~'이 아닐 것이다. 단지 남편을 자극하기 위해서일 뿐이었더라도 아내가 다른 남자를 말하고 비교하는 것은 남편의 자존심을 상하게 하는 것이다.

제2장 서로 알아가기

남편이 술자리에서 친구들과 같이 있다가 늦게 귀가하는 일은 남자들에게는 큰 문제가 되지 않는다. 남자들의 머릿속에는 주로 사회적 성공에 대한 미련이나 계획 등이 담겨 있기에, 지금 활동하는 데 문제가 없다면 건강이나 가정은 우선순위가 아니다.[60] 아내가 보기에 남편이 술과 담배에 절어 있어도 그에겐 (일하고 난 후의) 휴식의 일부일 뿐이다. 대부분의 남편들은 술을 줄이고 금연하라는 아내의 말을 귀담지 않는다.

현재 남자가 좌절을 겪고 있을 때에 여자의 사랑 표현이 위안은 될 수 있으나 남자의 사랑을 보장받을 수는 없다. 지금 남자에게 시급한 것은 하고 있는 일이 잘 풀리는 것이기 때문이다. 아무리 여자가 사랑스러워도 남자가 힘들어 할 때에는 여자의 관심도 부담되고, 때론 요청하지도 않은 여자의 조언이 일에 대한 방해로 느껴지기도 한다.

남편들이 집안에서 아내를 거들고 애들과 더 놀아 주어야 한다면 그들의 이해가 필요하다. 인류학적이나 생리학적으로 보더라도 집안일은 남편의 의무가 아니었다. 아무리 조그만 거라도 남편이 집안일을 하는 건, 아내를 도와주는 거라고 생각하는 게 남성들이다.

- 남편들이 보통 친구들에게 베푸는 것과 꼭 같은 정도의 예의만을 부인에게 베푼다면 결혼생활의 파탄은 훨씬 줄어들 것이다. / 화브스타인

남편이 자가용을 몰다가 가벼운 접촉사고를 당했다. 남편은 옆자리의 아내를 쓱 쳐다보고선 차에서 바로 내린다. 차량 손상의 정도를 가

늦하고 상대 차의 운전자와 시비를 가린다. 그런데 아내는 남편이 자기보다 차를 더 생각하는 것 같아 허탈하다. 먼저 '아내는 괜찮은지 어디 다치지 않았는지' 살피지 않는 남편에게 화가 났다. 그러나 남편의 입장에선 큰 사고가 아닌 미미한 접촉사고였고, 도롯가에서의 교통사고는 신속히 그리고 정확하게 처리해야 했기 때문에 그 상황에서만큼은 아내가 1순위가 아니었던 것뿐이다.

사고와 상관없이 남편은 여전히 아내를 사랑하고 있지만 아내에게는 점수를 잃어버렸다. 한번 미운털이 박힌 남편에게 쉽사리 고운 말이 나올 리가 없다.

사고를 잘 수습했는데도 남편은 아내에게 핀잔을 들어야 한다.

"당신에게 난 뭐야?"

\# 남편이 아침 출근 때문에 바쁘다. 그런 남편의 머리를 보고 아내가, "여보, 거울 안 봤어? 머리 뒤가 뭐야. 완전 떡이 됐잖아. 하루이틀도 아니고.. 창피하지도 않아?"

어느 하루는 남편이 회색 티에 검은 반바지를 입고 잠시 밖에 나갔다 들어왔다. 그걸 본 아내가, "아니, 그 꼴로 나갔다 왔어? 우중충한 티에 쭈글쭈글한 반바지를 입고? 내가 못 살아."

아내는 남편에게 실망하거나 기대가 무너졌을 때 쉽게 화를 내는 경향이 있다. 그 일이 남편에게는 사소하거나 화를 낼만한 일이 아니더라도 말이다. 남편은 억울하겠지만 안타깝게도 판단은 아내의 몫이다.[61]

* 만약 남편이 크게 화를 낸다면 '날 인정해 줘'라는 압박인 경우가 많고, 화가 단단히 난 아내의 심리 상태는 대체로 '나, 너무 힘들어'이다.

여성이 남성과의 대화를 바란다는 건 '날 좀 바라봐 줘'란 의미일 때가 많고, 아내의 큰소리가 끊이지 않는다면 그 내용 대부분은 "난, 당신에게 실망했고 속상해."이다. 아내의 입에서 만약 이혼하자는 말까지 나왔다면 실행에 옮기기 전까진 "제.발. 내. 말. 좀. 들.어.줘!"하고 외치는 것과 같은 절실한 심정일 테다.

반면 남성이 여성과 대화하기를 꺼린다면 주로 '귀찮게 하지 마'란 표현이고, 자꾸 남편의 언성이 높아진다면 그 상황은 아마도 "당신은 날 건드렸고 난 기분이 나빠."일 것이다. 웬만하면 이혼이란 단어를 꺼내지 않는 남편이 헤어지자는 말을 했다면 "나.도. 이.제. 지.쳤.어!"란 뜻의 남편 식 체념이고, 만약 거푸 두세 번 말한다면 가정에 위험한 신호다.

* 남편은 자신의 일이 아내에게 존중받기를 바라고 아내의 뒷받침을 원한다. 한편 아내는 가정에 쏟은 자신의 헌신에 대해 남편이 인정해 주고 사랑으로 보상받길 원한다.[62]

가정이 해체된다면 더 힘든 쪽은 아내다. 아무래도 가사에 더 시간을 들이고 가족 구성원에 더 투자를 했던 아내, 엄마들이 이혼으로 인한 상실감과 정신적인 충격도 더 할 것이다. 이렇게 하기 싫은 이혼을 결심했다면 여자들은 도장을 찍기에 앞서 이혼 후까지 철저히 준비한다. 애들 양육권과 기껏 재산 분할까지만 생각하는 남자들의 이혼 계획과는 차원이 다르다. 이혼 과정에서 뭘 주장해야 하는지, 자신의 권리는 무엇인지를 세세하게 따진다. 이혼 후에는 남자 도움 없이 살아야 한다는 막연한 두려움이 여성들의 무의식에 남아 있기 때문이다.

 타 이성에 대한 남편들의 호기심은 수컷 포유류의 본능이고, 아내들이 다른 이성에 덜 한눈파는 것도 본능에 따름이다. 결혼 유무를 떠나서 매혹적인 여성에 남성들의 관심은 여전한 반면, 아내는 자신과 특히 자식들을 위해서는 아빠인 남편의 도움이 필요하기에 눈을 돌리면 직감적으로 손해라는 걸 안다.
 한편 남성들은 쉽게 딴눈을 팔 수 있는 동물이기에 남자들끼리 어울리는 거에 아내들은 경계를 한다. 불안하지 않을 수 없다.

부부 간의 신뢰가 무너졌더라도, 남편에게 실낱같은 미련이 남아 있다면 아내들은 남편의 외도는 한두 번쯤 넘어갈 수 있다. 반면 남편들은 아내의 단 한 번의 외도에도 분노하고 당장 이혼할 수가 있다. 남자에게 있어서 가정이란 깨지면 안 되는 절대적인 것이 아니기 때문이다.63

 − 여자의 마음은 아무리 슬픔으로 가득 차있어도, 사랑을 받아들일
  한구석이 어딘가에 남아 있지 않는 것은 절대로 아니다. / 마리보

많은 여성들의 몸은 출산에 맞게끔 되어 있어서 질 안쪽은 그리 좁지

제2장 서로 알아가기

가 않다. 즉 선천적 명기는 드물다는 건데 그렇다보니 신혼 초 침대에서의 애틋한 분위기는 오래가지 못한다.

결혼 전 동거는 여자들에겐 절대적 금기다. 남자들은 결혼에 비해 책임감이라는 굴레에 갇혀 있지 않으니 동거 후 잠자리 문제는 좀더 쉽게 밖으로 드러난다. 남자들은 호기심도 많지만 한곳에만 머무는 건 아니다. 남자들의 호기심을 자극하는 건 세상에 많으며 구속력이 없다면 옮겨가는 건 어렵지 않다.

성공이나 목표를 향해 달리는 중이라면 남자들은 체력과 시간을 한 곳에 집중하고 싶어한다. 부부 간의 잠자리가 줄어드는 이유 중 '사랑이 식어서'란 것 말고도 다른 이유들이 있다는 거다. 한편 남성들은 그 좋았던 잠자리에 흥미가 떨어진다면 다른 호기심을 찾거나 남자들의 본능이자 일터인 사회생활에 더 관심을 쏟게 되고 그럴수록 잠자리의 횟수는 더 줄어든다.

* 왜 성생활이 즐겁지 않을까? 서로에 대한 호기심이 떨어졌거나 몸이 따라주지 않아서일 것이다. 그런데 그 다양한 이유 중에서도 *부부가 잠자리를 소홀하게 대하는 가장 큰 이유는 예전의 사랑이 식어서이다.*[64] 다 익은 과일은 썩거나 땅으로 떨어지듯 결혼 후 거의 모든 부부가 겪는 과정이다.

\# 아내가 오늘 머리를 잘랐다며 남편에게 "나, 어때?" 묻는다. 남편이 보기에는 그게 그거고 별로 자르지도 않은 것 같다. 그래서 대답한다.

"어? 머리 잘랐어?"
"어휴, 그래. 나 어떠냐구?"
"뭐, 똑같은데.."
"뭐?"
아내의 얼굴이 급 실망으로 변한다.

 남편의 머리를 언제 해야 하고 어떤 커트로 해야 하는지를 당사자보다 정확히 아는 아내의 기준으로는, 남편의 무심함이 용서가 안 될 법도 하다. 남편들의 무관심은 이번뿐이 아니다. 붙임머리로 머리 스타일이 달라져도 주황색 머리에서 레드브라운 칼라로 분위기를 바꿨는데도 '도대체가 뭐가 달라졌다는 건지?' 대답 못하고 어리둥절하는 남편들이다.
 남편은 아내가 미장원 다녀오기 전, 후 모습의 시각적 차이를 보고 답한 거다. 실제로 대부분의 남편들은 아내의 머리를 보고선 별 차이를 못 느낀다.
 집을 나서기 전 남편이 어떤 셔츠와 무슨 색의 넥타이를 맸는지 알고 있고 퇴근 후엔 얼마나 더러워졌는지를 확인하는 아내와 달리, 남편들은 배웅하고 마중할 때 아내가 입었던 옷의 차이를 기억하지 못한다.
 솔직히 남편들은 집안의 옆 사람이, 내게 말을 걸고 있는 여자가 '내 아내구나'라는 것만 구분하고 살아갈 때가 많다. 그렇다고 아내를 향한 남편의 사랑이 꼭 줄어들었다는 의미는 아니다. 사랑 표현이 뜸해졌다가 옳은 표현일 것이다. 결정적인 이유로 '한 여성女性에 대한 호기심이 줄어든 거'로 봐야 한다.

위의 상황에선 남편이 잠시나마 '여성의 대화 케이블'을 빌려 쓰는 게 갈등을 피하는 길이다. 아내는 내심 긍정적 반응을 듣고 싶어하기에 남편은 머리 상태를 평가할 게 아니라 그 느낌에 초점을 둔다.

"오, 우리 와이프 머리했네. 당신 마음에는 들어?" 또는

"어때? 기분전환은 된 거 같아?"

이 한마디면 충분하다. 그 뒤로는 아내의 말이 이어질 테니까.. 남성들은 꼭 뭘 구분하고 해결책을 내야 한다는 강박증을 버려야 한다. 가벼운 대화에선 정 모르겠으면 가볍게 아내에게 토스한다.

"음.. 나는 좋은데 당신 생각은 어때?"

평소 화를 주체 못하고 애들에게 야단을 많이 쳤던 아내가 남편에게 할 말이 있다며 다가온다.

"엊그제 tv에서 한 방송을 봤는데, 사춘기 애들과 부모의 관계 설정이 중요하대. 매를 드는 것도 이젠 역효과를 부르니 대화로서 문제를 잘 풀어야 한다는 내용였는데 공감이 갔어. 나도 그 방송을 보면서 많이 반성했구. 그동안 내가 애들을 너무 닦달하지 않았는지 생각도 많이 해 보고. 그래서 말인데 당신 생각은 어떡하면 좋겠어?"

뜻밖이었다. 아내는 애들 문제로 이렇게 먼저 고개 숙이고 나온 적이 없었다. 남편은 잠시 머뭇거리다가 이번 기회에 하고 싶었던 이야기를 꺼낸다.

"여보, 내가 보기에도 당신이 애들을 너무 몰아 대고 을러댔던 것 같아. 애들도 많이 풀이 죽었던 것 같고. 그래서 이번 기회에 당신 교육

방식을 바꿔봤으면 해. 애들을 믿고 우리가 조금 더 기다려 주자. 공부보다 행복한 게 중요.. "

갑자기 아내가 말을 끊으며 화를 낸다.

"당신, 지금까지 내가 한 말을 허투루 들었어? 왜 내가 말하면 잘 안 들어? 진짜 내가 당신하고 뭔 말을 못하겠어. 솔직히 당신은 애들에게 관심이라도 있어? 지금까지 애들 교육에 신경이나 써 봤냐구! 왜 나한테만 뭐라 해? 애들이 나를 얼마나 속상하게 하는데.."

남편은 당혹스러워 더 이상 말을 못하고 자리를 뜨고 말았다.

또 대화 실패다. 아내가 남편에게 화난 이유는 애들에게 했던 지금까지 행동에 반성한다는 자신의 말을 흘러들었다는 것이다. 앞으로 애들 교육문제에 대해 모처럼 큰 맘 먹고 상의하려 했는데, 남편은 '애들에 쏟았던 아내의 헌신까지 인정하지 않는 투'로 말했던 거다. 남편의 말을 비난으로 느꼈을 법하다.

아내가 남편에게 원했던 것은 남편의 입을 통해서 이전 교육 방식의 잘잘못을 다시 듣고 싶었던 게 아니라, 앞으로 달라질 교육 방식(아내는 이미 다른 교육 방식을 생각했을 거다.)의 상의와 함께 엄마와 애들과의 관계에서 자신을 지지해 줄 것을 바랐던 거다.

남편의 가장 큰 잘못은 제 3자인 양 조언자의 자세로 아내를 대했다는 점이다. 그동안 힘들어 했을 아내를 다독여 주고 남편도 이젠 아내를 도와주겠다고 말했어야 했다. 실제로 남편이 눈길 한번 주기 힘든 교육 관련 책들에 아내들은 관심이 많다. 그런데 사춘기 애들이 엄마 말을 얼마나 듣겠는가. 오죽했으면 아내의 목소리가 커지고 잔소리가 늘었겠나? 남편은 먼저 위로의 말을 했어야 했다.

"아, 그랬구나. 당신의 교육열은 진짜 대단해. 그럼 애들과의 관계를 어떻게 했으면 하는 게 있어?"

- 사랑을 알기까지는 여자도 아직 여자가 아니고.
남자도 아직 남자가 아니다. 따라서 사랑은 남녀 모두가
성숙하기 위해 서로 필요한 것이다. / 스마일즈

서로 이해하기

동물은 다치거나 힘들 때 안식처를 찾거나 쉰다. 사냥도, 교미도 절대 하지 않는다. 상처가 났을 때 그들이 할 수 있는 건 어미나 무리들이 했던 방법을 따라하는 정도다. 인간 또한 비슷하다. 단지 남성과 여성의 스트레스에 대한 대처 방법에는 차이가 있다.

원시시대, 맹수나 적들의 공격으로 위험에 빠졌을 땐 남성들은 여성이 아니라 동료를 만나 힘을 키운다. 지치고 다쳤다면 이성과의 사랑이 아니라 쉴 수 있을 공간을 먼저 찾는다. 반면 여성들은 힘들 때 좀더 의지할 수 있는 대상을 찾는다. 힘의 논리 시대, 그녀들의 능력만으로는 생존하기 어려웠던 여성들의 생존 본능이다.

부부 모두가 피곤할 때, 아내에 비해 남편의 잠자리 거부가 훨씬 더 심각하다. 오히려 아내는 자신이 힘들 때 잠자리를 통해서 남편의 사랑을 확인받고 싶어하는 경향이 있다. 그렇지만 남자가 정신을 집중해야 할 곳은 여성이 아닌 일터이므로 한정된 에너지를 일에 쏟길 원한다.[65]

한편 남자들은 부부 간의 서운한 감정을 해결하기 위해 잠자리를 이용하곤 한다. 그러나 여자들은 남편과의 관계가 안 좋다면 성생활에 소극적으로 임한다. 이유는 남자는 성을 수단으로 생각하고 여자는 성을 사랑으로 여기기 때문이다.

부부싸움 후 대부분의 남편들은 부부 갈등을 혼자 정리하거나 친구들과의 술 한잔으로 마음을 다잡는 경우가 많다. 그런데 가정불화로 힘들어 하는 많은 아내들은 정작 방금 전까지 싸웠던 남편의 도움이나 "넌, 괜찮아. 좋아질 거야." 같은 주위의 지지를 받고 싶어한다.

남편이 힘들 때에는 아내가 다가오는 것도 싫을 수 있다. 이땐 아내의 대화 시도가 간섭이고 부담이다. 반면 아내가 힘든 상황이라면 동료나 친구의 관심도 고맙지만 좀더 강한 대상인 상사나 부모, 남편 등의 위로가 큰 힘이 된다.

배우자가 힘들고 지쳤을 때 최고의 위로는? 힘든 이가 남편이라면 그에겐 손수건을 건네주는 것이고, 아내가 지쳤을 땐 다가가서 안아주는 거다. 사랑은 자기 식으로 표현하는 게 아니고 상대가 원하는 방식일 때야 빛이 난다.[66]

'스트레스가 심할수록 희생보다는 생존 본능이 고개를 내민다'
자꾸 혼자만 있으려 하는 남편이나, 부쩍 가족과 트러블을 일으키는 아내에게 화를 내기 전에 배우자가 힘든 상태는 아닌지 봐야 한다. 힘들수록 남자는 숨고 여자는 조르는 게 그들의 생존 본능이다.

무얼 하려는 의욕보단 화만 내는 식구가 있다면 그를 꾸짖거나 돌아서기 전에 이해하려는 마음이 우선이다. 당신의 손길이 필요하다는 신호일 수 있다. 자신감이 결여되어 보인다면 무엇 때문에 안정을 찾지 못하는지, 상대가 뭘 원하는지 들어 보자.

남편이 아내와의 대화를 중단한다면 무엇이 남편을 그렇게 만들었는지 생각해 본다. 아내가 대화 시작부터 남편에 불만을 쏟고 있었던 건 아닌지, 자신의 말이 남편을 화나게 했던 건 아니었는지 생각해 보자.

남편들도 아내의 가사노동에 따른 정신적, 육체적 스트레스를 외면하지 않았는지, 온갖 집안일을 당연히 감내해야 할 아내의 몫이라고 치부하지 않았는지 되돌아보자. 자신을 바라보는 아내의 눈빛이 부담된다고 피하지는 않았는지 반성해 보자.

아내의 끝없는 잔소리는 원폭 방사선에 노출된 것처럼 상대의 살을 파헤치고 정신을 피폐하게 하는 위험한 짓이다. 그런데 아내를 잔소리꾼으로 만든 것은 바로 아내를 외면했던 남편의 과거이다.67

아내가 어제보다 화를 내는 시간이 배로 늘었다는 것은 그만큼 남편에게 두 배로 화가 났음이 아니라, 어제와 오늘 사이 아내가 두 배로 고통 받았음을 의미한다. 남편에게 원하는 아내의 마음은 화를 내는 시간과는 상관없이 간단명료하다. 어제도, 오늘도 "내 말 좀 들어줘!"이다.

화를 내는 아내에게 처음부터 이성적 잣대로 따지는 것은 남편에게 결코 이롭지 않다. 싸움 시간만 길어질 뿐이다. 오히려 지금 아내의 화난 감정을 인정해 주는 것만으로도 아내의 화는 많이 풀린다.68 화난 이유를 가려보는 차례는 화가 풀린 후여야 한다. 그게 효과적이다.

아내가 툭하면 "같이 못 살겠어. 이혼해!"라고 말 하더라도, 이 말은 지금 아내의 기분을 표현하는 거지, 진짜 이혼하려고 작정했던 게 아닐 테다. 현재 배우자의 기분을 이해해야 상대에게 다가갈 수 있지, 만약 남편의 행동이 '너가 그러니 나도 그럴 거다!'면 결국엔 파국으로 간다.

- 가장 과묵한 남편은 가장 사나운 아내를 만든다. / 디즈레일리

남자들은 상사가 아닌 다른 사람에게 명령받는 것을 싫어한다. 동료 이외는 경쟁해야 할 상대로 인식되는 원시시대의 DNA가 남아있기 때문이다. 그리고 남편들의 무의식 속엔 아내를 같은 레벨의 동료라고 생각하기보다는 '보호받아야할 약한 존재'라고 믿고 있는 본능이 있다는 걸 잊지 말자.

그러므로 남자에게 뭘 부탁할 때는 "무엇을 해죠!"가 아니라 "해주면 좋겠어.", 또는 "해줄 수 있어?"라고 말할 때 여자들의 요구는 더 받아들여진다. 남자의 무엇이 싫을 때는 "하지 마!"가 아니라 "내 말 좀 들어줄래?"로 이야기를 시작하는 게 낫다.

* 남편이 가정보다 다른 일에 빠져 있다 하더라도 아내가 처음부터 급제동을 건다면 남편은 멈추는 게 아니라 튕겨져 나갈 것이다.[69]

\# 평소 아내는 침대에 들기 전에 베란다 창문을 잠그고 가스 밸브를 확인한 후에 잠이 든다. 조금은 이른 아침, 아내는 커튼을 제치고 창문

을 열어서 환기를 시키고 있다. 그때 남편이 춥다며 아침부터 뭐하냐고 버럭 화를 낸다. 그러자 아내는 바로 반격한다. 그동안 참고 있었던 게 많았나 보다.

"그럼 앞으로 집안일에 신경 끌 테니 당신이 다 알아서 해. 나는 잠도 못 자는데 넌 잠도 잘 자더라. 돼지처럼 먹기도 잘 하고. 당신은 내 얼굴 반쪽 된 거 안 보이지!"

남편은 아내의 행동 중에 마음에 안 드는 한 가지만을 말했지만 아내는 그 이상으로 화가 난 상황이다. 아내의 집안일은 서로가 연계되어 있다는 걸 간과한 거다. 보약을 챙겨주고, 장을 보며 반찬을 만들고 세금을 내는 등의 모든 일에 남편은 아내의 의욕을 꺾게 만들었다. 도와주지도 않으면서 말이다.

한편 남편은 아내와 아무리 크게 다퉜더라도 생활비를 안 주거나 아이들의 학원비를 줄이려는 생각은 하지 않는다. 오히려 남편들의 집안 행위에 영향을 미치는 많은 경우는 집밖에서 문제가 생겼을 때다. 스트레스를 받고 들어오는 날엔 집안일은 거들떠보지도 않고, 밖에서 기분 좋은 일이 있었다면 엊저녁에 싸웠던 아내에게도 윙크를 날리는 게 남편들이다. 그런데 사회생활이나 자신의 욕구가 아내 때문에 방해받는다면, 마지못해 아내에 협조했던 남편의 행위는 중단될 수 있다.

맞벌이 하는 부부는 퇴근길에 우연찮게 만났다. 아파트 정문을 들어서는 순간 자전거를 수리하는 차를 발견했다. 그 차는 한두 달에 한 번 정도 단지 앞에 오는 것 같았다. 아내는 남편을 보고선,

"여보, 애들 자전거 타이어에 바람 좀 넣고 와. 내 자전거도 좀 봐 주고."

"나 피곤해. 다음에 할게. 그리고 당신 자전거는 버려야 할 것 같아."

"당신은 왜 그래? 뭔 말을 하면 한 번에 들어준 적이 없더라. 그리고 있는 자전거는 고쳐서 써야지, 버리긴 뭘 버려. 말하는 것도 항상 부정적이고 진짜 실망이야!"

그날 부부는 저녁 내내 싸웠다.

남편 변론) 그날은 일이 너무 힘들었다. 그리고 그 시각엔 애들은 학원에 있을 때였기에 13층 집안에 있는 자전거 두 대를 혼자서 끌고 갔다 와야 했다. 더구나 한여름이라서 저녁 그때쯤엔 몸은 벌써 처졌다. 솔직히 아내는 자전거를 잘 타지 않으며 자기 자전거 상태도 잘 모른다. 애들 자전거는 타이어에 바람만 넣으면 됐지만 아내의 자전거는 앞뒤 모두 펑크가 나 있었다. 그 자전거는 7~8년 전 안경점 사은행사에서 당첨되어 받은 거라 성능도 별로다. 아무튼 아내는 내 컨디션을 묻지도 않고 "뭘 해라!" 하니 화가 난다.

아내 변론) 아파트 입구에 마침 자전거 수리차가 와 있다. 멀리 자전거포에 가지 않아도 되니 옆에 있는 남편에게 얼른 부탁했다. 그런데 남편은 내 말을 듣자마자 바로 거부한다. 자기만 피곤한가? 나도 직장에서 일하고 방금 온 거다. 더구나 집에 들어가면 할 일이 또 쌓였다. 나는 항상 가족 생각뿐인데 남편은 애들을 위해 그 정도도 못해 주겠다는 게 도저히 이해가 안 된다. 이번뿐이 아니다. 다른 일도 내가 시키면 차일피일 미루다, 결국 보다 못해 내가 직접 한 적이 한두 번이 아니었다. 남편은 너무 이기적이다.

대화는 이렇게) 앞에서 '남성은 계획한 일을 중심으로 행동하지만, 여성은 가정을 중심으로 사고한다'고 언급했었다. 싸움의 발단은, 아내는 계획에도 없던 일을 남편에게 일방적으로 시켰고 남편은 아내의 행복한 가정 만들기에 반기를 들었다는 점에 있다. 남편의 어깨가 처진 걸 봤다면 남편이 거절의 이유로 피곤하다는 말이 나올 걸 예상하고 아내는 이렇게 말했어야 했다.

"여보, 당신 피곤하지? 근데 이 시간에 자전거 수리해 주는 차가 있네. 어쩌지? 애들 거나 내 것 좀 봐야 되지 않아?"

남편이 말도 하지도 않았는데 아내가 먼저 피곤하냐고 물으니 기분이 나쁘지 않다.

"음.. 그럴까? 근데 당신 자전거는 두 바퀴 모두 펑크가 났어. 너무 구형이기도 하고. 그래서 애들 것만 타이어에 바람만 넣고 올게."

* *부부 간의 다툼이 있을 때에도 배우자는 서로 다른 관점에서 그 문제에 접근하며 해결 방식도 각자 자신의 본성에 바탕을 둔다. 그리고 자신이 원하는 것이 좌절될 때 배우자가 생각하는 이상으로 화를 낸다.*[70]

남편의 머리는 판단하고 계산하는 데 익숙하고 아내의 마음은 가정이 이끄는 대로 향해 있다. 남성의 에고이즘(egoism ; 자애주의[自愛主義], 이기심)은 자신의 이익과 손해 정도로 사건을 파악하고 행동하는 거지만, 여성의 에고이즘은 가정의 이익을 잣대로 선악을 구분 짓고 생각한다는 점이다.⁷¹ 남성들은 대체로 사건의 경중을 가려 화*를 내지만, 여성들은 가정에 손해라는 생각이 들면 쉽게 화를 내는 경향이다.

남편은 가정과 자신을 따로 구분하여 생각할 수 있지만 아내에게는 자신도, 남편이란 존재도 가정을 이루는 하나의 구성원일 뿐이다.

'아내가 행복해야 가정이 행복하다'

아내들의 요구는 남편은 꼭 자기편이 되어야 한다는 거다. 다툼의 대상이 시어머니가 됐든, 혹은 전화기에 대고 친정엄마에게 큰 소리를 내는 나를 보더라도 자기를 지지해달라는 거다. 아내가 사춘기 애와 한바탕 맞붙고 애가 울어도 남편은 애 편이 아니라 자기편에 서 주길 바란다.

옛날 인간의 수명은 기껏 40~50년 남짓. 그래서 가족의 생존에 불가분의 힘이었던 성인 남성들의 엄마보다는 아내가 주도적인 '가정 플래너'였을 거란 가설이 타당하다. 또한 남성은 여성보단 수명이 더 짧았다. 남성이 살아있는 동안 보다 많은 식량을 비축해놔야 했고 애들을 지켜야 했다. 남성들이 적과 싸워 죽거나 사냥으로 인해 다쳐서 일찍 죽는 이유도 있지만, 자녀들을 보살피는데 적합하게 진화된 여성들의 수명 연장도 가정 지킴이의 역할과 책임을 갖게 한다. 아내들은, 엄마들은 그렇게 진화되어 왔다. 현재도 아빠보다는 엄마가 애들 교육에 있어서 더 혹독해지는 이유이자 남편 건강을 그렇게 챙기는 까닭이다. 앞으로도 아내의 이러한 본성은 쉽게 바뀌질 않는다. 그러므로 가족의 행복을 위해선 가정 내에서 아내의 권한을 인정해 줘야 한다는 결론에 이른다.

　엄마가 행복해야 가정의 불화가 적다. 그래야 애들도 남편도 행복해질 수 있다.

남자는 사회적 기질이 세고, 여자는 가족애愛 성향이 강하다

일요일 오후 한 식당 내부가 한바탕 시끄럽다.
　"이 음식, 우리가 시킨 게 아닌데요."
　"예? ○○ 시키신 거 맞아요. 다른 직원도 들었어요."
　옆에 있던 직원이 고개를 끄덕인다. 아내는 아무 말도 안 하는 남편을 보고선,
　"당신, 가만히 있지만 말고 뭐라 말 좀 해 봐."
　"…"
　"아니, 누구 말이 맞냐구?"
　"여보.. 음식이 이미 나왔는데.. 그냥 먹으면 안.."
　"뭐? 당신 내 남편 맞아? 난 그렇겐 못해!"

　음식점이나 매장에서 여자들의 행동은 남자들에 비해 까다로운 편이다. 아내들은 식당에서 그냥 먹어도 될 음식이나 반찬에 대해 투정하고 심지어는 테이블 위생 상태를 점검 나온 사람인 양 까칠하게 굴 때가 더러 있다.
　음식을 시킬 때 종업원과 소통이 잘못되어 다른 음식이 나왔다면 많

은 남편들은 아쉽지만 받아들이려 한다. 그렇지만 다수의 아내들은 끝까지 종업원을 탓하며 처음에 정확히 주문했다며 원하는 음식을 재차 요구하고 관철한다.

왜 그럴까?

남자들은 사회적 유대를 중요시하지만 여자들 사고의 기준은 가족에 맞춰져 있기 때문이다.

남자가 살아가는 데 있어서 어떤 음식을 먹는지는 그리 중요한 것이 아니다. 원시시대 땐 먹을 만하고 배부르다면 그걸로 (일 하는 데 지장 없으면) 되지 않았겠나. 물론 남자들 사이에서도 선호하는 음식이 다르고 성격도 다르다는 걸 안다. 그러나 적지 않는 수의 남편들은 잘못 나온 그 음식이 평상시 싫어하는 음식만 아니라면 종업원의 단 한 번 실수에는 갈등보다는 평화를 택할 것이다.

당신 남편이 당신을 덜 사랑해서 갈대처럼 흔들리는 게 아니다. 다른 집단과 싸우거나 전쟁터에 뛰어들 때처럼 남자들의 생존 본능은 위의 음식점 상황에서도 결심을 요구한다.

'가족 편에 설 것인가? 사회의 흐름에 순응할 것인가?'

남자들은 자신이 의도하지 않은 분란은(분란 속으로 들어간다는 건 상처를 남기므로) 싫어한다. 아파트 경비원과 말다툼하고 있는 (사랑스러운) 아내를 보더라도 남편들은 쉽게 아내 편만을 들지 않는 이유가 여기에 있다. 그렇지만 아내는 종업원과 경비원을 상대로 전투를 치루고 있는 자신을 지원사격하지 않는 남편이 실망스럽다.

아내에겐 자신과 가족 이상으로 소중한 것은 이 세상에 없기에 외부 사정은 크게 중요하지가 않다. 잘못 나온 음식이 쓰레기통으로 직행하더라도 그 순간에는 자신과는 상관없는 일이다. 그보다는 자신이 먹고 싶은 음식이나 애들이 원하는 음식이 더 중요하다. 원시시대부터 여자들의 피 속에는 가족을 악착같이 생각하는 유전자가 있기 때문이다. 현재도 아내들은 가족을 위해서 삶을 계획하며 자신이 소유한 것을 오직 자신과 가족만을 위해서 사용하려는 본능이 더 우세하다. 요즘 불고 있는 사교육 열풍도 같은 맥락이다.

쇼핑할 때도 마찬가지다. 그런데 여자들이 물건을 고르는 데 왜 그리 신중하고 구매 후에도 선뜻 만족하지 못하는지를 남자들은 모른다. 솔직히 여자들의 이러한 행동은 매장 주인에겐 여간 곤혹스러운 게 아니다. 남자들은 이러한 상대의 입장을 이해하지만 여자들은 당연한 권리라고 생각한다.

'남자들의 사회적 연대감은 유별나다'

홀리건이나 스킨헤드 대다수가 남자들이고 극단적인 민족주의자나 전쟁을 일으킨 사람들 역시 남자들뿐이었다. 왜 그럴까? 많은 남자들은 자신이 지지하는 집단을 자신과 동일시하거나 그 무리에 몰입하는 경향을 보이곤 한다. 원시시대부터 집단 사냥을 하면서 형성된 동질감이 지금까지도 강하게 남아 있기 때문이다.

자신이 응원하는 스포츠 경기나 게임이 졌을 때 여자들에 비해 남자들의 실망은 훨씬 심하다. 남자들은 다음날에도 그 승부가 자신의 전부였다는 양 온종일 힘이 없는 경우가 많다.

'여자들은 가족애와 소유욕이 강하다'

많은 여자들은 투표일에도 집밖을 나서기에 앞서 자신의 헤어스타일이나 메이크업에 공들인다. 여자들은 왜 매일 입고 나갈 옷에 고민을 할까? 그것은 여자가 남자에 비해 자신의 몸을 너무나 소중히 여기기 때문이다. 그리고 여자들의 그런 적극적 행동의 발단은 (여성女性으로서의) 열등감에 맞서는 그녀들의 경쟁적 심리에서 비롯됐다는 걸 안다.

자신이나 가족의 조그마한 이익이라도 집단의 그 어떠한 것과 비교해 저울질할 수 있는 게 여자들이다. 여자들도 자신이 지지하는 정당이 선거에 패했을 때 낙담하지만, 남자에 비해 그 정도는 심하지 않으며 곧 아무렇지도 않게 일상생활에 적응한다.

'부부는 서로에게 최고의 파트너?'

상대 이성에게 점수 따는 방법은 간단하다. 상대가 원하는 것을 해주면 된다. 점수를 잃는 방법은 그 반대인, 싫어하는 것을 자꾸 하는 것이다. 이렇듯 우리는 상대 이성과 잘 지내는 방법을 알고는 있지만 그대로 실행하기에는 무척이나 어렵다.

우리는 업무상 파트너에게는 합리적으로 대하면서도 부부 간에는 그렇지 못하다.[72] 바로 이성 간의 차이를 모르기 때문이다. 차이를 모르기 때문에 이해를 할 수가 없는 것이다. 이해심이 부족하기 때문에 같은 보조를 취하는 게 어려울 수밖에 없다. 모임엔 목적이 있고 그쪽의 의도를 알고서 대화에 임하지만, 아무리 부부라도 관심사가 다르다면 자신의 말만 하다가 끝난다. 종종 상대의 의중에 젖지 않으려 피하곤 한다. 그러나 가정에서의 파트너는 당신의 배우자이고 그와 함께 할 것인지 말 것인지는 당신의 자세에 달려 있다.

- 행복을 자신의 두 손안에 꽉 잡고 있을 때는 그 행복이 항상 작아 보이지만, 그것을 풀어준 후에야 비로소 그 행복이 얼마나 크고 귀중했던지 알 수 있다. / 막심 고리끼

제2장 서로 이해하기

갈등 고리 끊기

아내는 남편의 사회적 활동을 인정해 주고, 남편은 아내의 가정에 대한 헌신을 인정해 줄 때 부부 사이의 불화는 줄어든다. 서로에게 들어 달라고, 또는 불만을 쏟아내는 것들 대부분은 '자신을 인정해 달라'는 신호이다. 그런데 그 신호가 상대편에서 제대로 'ON'이 되지 않으니 신호를 반복적으로 보내는 부부싸움이 끊이질 않는다.

즉 서로의 위치를 인정해 줄 때만이 순조로운 항해를 보장한다. 그러지 않을 땐 그 가정에 균열이 가 순항할 수 없다.

상대를 있는 그대로 인정해 주는 게 바람직한 인간관계의 시작이라면, 상대에 씌웠던 미움을 거두는 것은 관계 회복의 필요조건이다.[73]

비록 자신이 언짢더라도 배우자의 불쾌한 생활 태도만을 가리킨다면 그 시간이 길다고 해서 소통이라 할 수 없다. 상대를 아내, 남편으로만 바라보기 전에 한 여성, 한 남성으로서의 본성을 이해하려는 마음일 때만이 진정한 소통이 될 수 있다.

부부싸움이 잦다고 그때마다 꼭 다른 이유가 있는 건 아니다. 응어리진 예전의 일들이 튀쳐나오곤 한다. 잦은 부부싸움의 근간에는 서로에 대한 불신이 크기 때문일 것이다.[74] 미워한다는 것은 마음에 상처 하나를 남기는 일이다. 배우자에 대한 미움을 거두지 않는 이상 그 늪에 빠져 같이 곪을 터이다.

'아무리 타당한 비판이더라도 듣는 쪽에서 비난으로 받아들이는 경우'
1. 결론을 미리 정하고 상대의 말을 무시할 때. → 해결책) 반론을 할 수 있도록 충분한 시간을 준다.
2. 브레이크 없이 질주할 때. → 적당히) 막다른 골목까지 몰아붙이지 말라.
3. 비아냥거리는 말투나 모든 문제를 떠넘기려 할 때. → 고민) 같이 노력하자는 격려의 말투로 바꿔 보자.
4. 같은 내용으로 비판을 반복할 때. → 반성) 그 사람이 미웠던 게 아니었는지 생각해 보자.

뷔페에서 부부가 음식을 먹고 있다. 아내가 말한다.
"여보, 방금 롤 김밥 맛이 이상해. 상한 것 같았는데 삼켜버렸어. 어떡하지?"
"참 나, 상했으면 뱉었어야지. 왜 그랬어? 한 개만 먹었어?"
남편의 이런 반응에 아내는 얼굴이 울그락불그락해졌다. 그 후 부부는 30분 동안 말도 없이 먹다가 나온다.

원시시대 이후, 짐승이나 적들과 맞닥쳤을 때 '공격해야 하나? 도망가야 하나?' 이런 선택 본능은 현재까지도 남성의 사고의식 전반에 나타난다. 남성들은 분석적 사고를 지혜라 여기며, 상대가 도움을 요청할 때도 자신이 (숙고 끝에) 내린 결론이 도움이 될 거라 생각한다. 그런데 문제는 남성의 이런 식 응대가 일상적 대화에서만큼은 특히 여자로부터 환영받지 못할 때가 많다는 거다.

위의 뷔페에서 아내가 남편에게 말을 건넸던 이유는, 상한 음식을 먹었던 나를 잘잘못을 가려 평가해 달라는 게 아니다. 자신의 불편한 상태를 가장 믿을만한 사람에게 알리고 도움을 요청하는 상황이다. 만약 남편이 상한 음식을 먹었고 아내가 남편의 말투로 답했다면 남편의 기분은 어땠을까? 답변하기 전에 역지사지 마음을 가진다면 이런 훌륭한 답변을 할 수 있다.

"그래? 정말?", "어떡하지?", "종업원에 물어보고 올게."

이 상황에서는 이 정도의 말이면 충분하다. 어디서부터 잘못됐는지 머리 쓰고 따질 필요가 없다. 아내가 걱정하면서 말하면 남편도 같이 걱정해 주면 되는 거다.

남편에게는 자신의 능력과 일에 대한 아내의 신뢰가 가장 큰 힘이 되고, 아내에게는 자신을 지지해 주는 남편의 믿음직스러움이 가장 큰 사랑으로 다가온다.[75]

'상대에게 너무 잦은 요구를 하는 것은 나로부터 상대를 멀어지게 하는 길이다'

차라리 작은 것은 스스로 하거나 오히려 상대의 작은 부탁은 들어주자. 나중에 큰 도움이 필요할 때를 생각해 잘잘한 요구는 삼가는 게 현명한 방법일 수 있다. 지금껏 상대에 도움만을 줬다면 아무리 큰 요구라도 상대가 거부할 명분이 없을 테다. 화를 내는 것도 그렇다. 잘잘한 잘못엔 쿨하게 넘어가고, 정 아니다 싶을 때 그때 결정적 한 방을 먹이면 된다. 오히려 상대의 화만 돋우는 잽만 남발하다 상대의 역공에 당한다.

과욕은 모든 걸 망친다. 역사를 보자면 알 수 있다. 멀리 갈 것도 없이 전두환 독재정권 이후 군사정권을 끝낼 수 있는 기회가 있었다. 김대중이나 김영삼의 민주주의에 대한 열망 또한 컸다. 그러나 양보보단 분열을 택하여 결국 민주정부가 들어서지 못했다. 가정도 마찬가지다. 가족의 행복을 위한 마음은 남편이나 아내 모두 간절하지만, 서로를 이해하지 못하고 상대의 희생만을 바란다면 결국엔 둘뿐 아니라 가족 모두가 행복을 손에 쥘 수 없다.

배우자가 틀렸으니 나만 따라오라는 사고는 불행의 시작이다. 뜻하는 바가 같다면 정치 못지않게 가정에서도 '화합'이 가장 큰 해결책이다. '욕심이 있어야 잘 산다'고 했다. 그런데 그 욕심을 배우자에게만 부리지 말고, 대신 힘을 합쳐 세상을 향해 욕심을 내어보자. 상대에게 힘을 합치자고 요구하려면 내 쪽보다 그쪽의 말을 듣는 게 먼저다. 그래야 그쪽이 반응한다. 아무리 상대가 못나 보이고 잘못된 행동을 하고 있다는 확신이 들더라도, 상대의 눈에는 제지하는 당신의 태도(good or bad attitude)에 따라서 순간 당신이 '나를 억누르고 다스리려고만 하는 악마'로 보일 수도 있음을 알아야 한다.

상대를 이기려고만 하는 싸움의 끝은 어떨 것 같은가? 자신만이 옳다고 한다면 평화로운 해결책은 없다. 부부가 싸울 때도 마찬가지다. 둘 다 다치지 않고 손잡고 나오는 그런 결말을 원한다면 상대도 내려놔야 한다지만 자신도 마음을 거둬야 한다. 바람직한 부부 관계는 머리로 계산하지 않고 가슴으로 받아들이는 것이다.[76] 모든 걸 다 이해하고 넘어가라는 게 아니다. 배우자가 아무리 못마땅하고 큰 잘못을 했어도 상대를 평가할 수 있는 시간은 나중에도 충분하다. 모든 문제를 당장 해결할 수도 없다. 그러므로 그때 필요한 것은 상대의 입장에 서 보는 거다.

*배우자는 물리쳐야 할 적이 아니다. 싸울 때 배우자를 비난만 하는 것은 불에 기름을 붓는 꼴이다. 배우자를 몰아붙여 쓰러트릴 게 아니라면 본인의 입장만을 내세우지 말아야 한다.

남편에게 단단히 화가 난 아내들은 종종 반성문이나 다짐을 받아내려 한다. 남편보고 항복하라는 건데, 가정을 지키는데 장애와 불안이 해소될 때까지 아내들은 자신의 주장을 반복하는 경우가 많다.[77]

실제로도 쏟아지는 아내의 큰소리에 남편은 (반항하지 않고) 듣고 있었음에도 아내의 화는 그치지 않고 계속되기도 한다. 이유는 귀는 열려 있어도 남편의 마음이 닫혀있다는 걸 들켜버렸기 때문이다. 남편은 그냥 우산만을 쓰고 있었을 뿐이다. 남편은 "알았어.", "그래. 그래." 하고 반응을 보였다지만 아내에겐 그저 화를 억누르는 남편의 얼굴만이 보였던 거다.

'같이 싸워도 안 되고, 참아도 안 되면 어떻게 해야 통할 수 있을까?'

남편의 최선은, 하고 싶은 말을 참고 침묵하는 게 아니라 아내를 진심으로 대해 주는 것이다. 순간을 모면하려는 답변이 아니라 작지만 행동으로 실천하는 모습을 보여주는 게 아내의 잔소리를 줄이는 길이다.

아내는 남편의 못마땅한 점이 보일지라도 사회적 유대감을 중시하는 남성들의 본성을 이해한다면 (아이들의 잘못도 보듬는) 모성애를 남편에게도 보여줄 필요가 있다. 한 번 더 용서해 주고 아직도 신뢰한다고 말하자. 아내가 보여주는 그런 관용은 남자들 세계에서 중요하게 생각하는 아픔과 기쁨을 함께하는 '동료애'와 같다.

*분노가 아니라 너그러움이 자신을 상대와 연결시켜 준다.

부부 갈등, 해법의 열쇠는?

우리는 어떤 사람과 좋은 관계를 유지하고 싶다면 그 사람을 공격하지 않는다. 그 사람의 민감한 부분을 쉽게 건들거나 단점을 까발리지 않는다는 말이다. 이렇듯 우리는 상대방을 존중해주는 법을 안다. 이성 간에도 충돌을 줄이고 싶다면 상대의 예민한 곳은 피해가야 한다.

예로부터 남자들은 여자의 의견을 무시했고 결혼 후에도 가정보다는 사회적 활동에 더 큰 의미를 부여했다. 거기에 아내의 외모까지 비하하는 것은 여자에게서 무기를 빼앗는 것과 같다. 만약 당신의 행동이 이러했다면 당신의 아내는 이미 (사나워 보이더라도) 시들어가고 있는 꽃이라는 것을 알아야 한다.

어떻게 하면 불만이 많아진 아내를 달랠 수 있을까? 해법은 바로 예전 아내에게 접근했던 그 마음으로 잠시 돌아가는 거다. 어려운 게 아니다. 일단 자신의 여자에게 관심을 보이는 것이 초심이고 사실은 그게 전부다. 실제로도 관심을 받은 꽃이 더 예쁘다고 한다.

소크라테스는 아내의 잔소리에 힘들어 했다. 옛날 여자들도 현실의 성과물에만 집착했으리라. 아내의 잦은 도발로 남편의 남성상이 지쳐버린다면 그 가정의 미래는 밝지 않다. 날개 꺾인 새는 단 한 마리의 파리조차 잡지 못하기 때문일 것이다. 마음껏 하늘을 나는 새가 결국엔 먹이를 더 물어다 주지 않나.

한편 소크라테스의 가정이 화목했고 남겨질 자식들과 아내를 생각했다면 그가 그처럼 독배를 순순히 받지만은 않았으리라. 그는 "악법도 법이다."를 남기며 유명한 철학자로 기억된다지만 남편이 자신에게 좀 관심을 보여주길 바랐던 아내 크산티페는 과연 행복했을까? 가장으로서 최소한의 능력과 자상한 남편을 원했던 그녀가 악처로 변하기까지 과연 소크라테스의 잘못은 없었을까?

'이유야 어찌됐든 남편의 "도전"이나 아내의 "가정"이 흔들린다면 가족은 행복할까?'

갈등을 줄이려면 서로를 인정해 줘야 한다. 상황에 따라선 자신의 욕구를 절제해야 하는 경우도 꼭 있다. 본능을 포기하거나 일방적으로 양보하라는 것이 아니다. 본능의 큰 틀은 바꿀 수 없어도 약간의 배려를 통해서 배우자와 가까워지라는 거다. 싸우거나 선택해야 할 상황이라면 협상하는 게 서로에게 좋다. 나의 몫이 줄더라도 확실히 생존하는 길이 있다면 그편이 더 이롭기에 그렇다. 우리는 밤샘 부부싸움의 폐해를 알고 있지 않은가.

부부싸움의 결말을 알고 있음에도 고쳐지지 않는 이유는 뭘까?

'그건 지금껏 상대의 존재를 배우자로만 한정했기 때문이다.'

배우자로만 생각했기에 기대도 많았고 불만도 많았다. 그렇다면 부부 관계의 회복을 위해선 우선 배우자로서의 의무만 읊을 게 아니라, 한 인격체로서 바라봐야 한다. 그 순간만큼은 배우자가 조금 더 이해될 것이다.

갑자기 한 자동차가 차도 옆의 가드레일을 받은 채로 멈춰 섰다. 이내 운전석에 있던 남편이 차문을 열고 나와서 담배 하나를 문다. 조수석에 있던 아내는 고개를 파묻은 채로 아마도 흐느껴 우는 것 같다. 사건의 경과는 이랬다. 몇 달 전에 남편은 무리하게 돈을 끌어들이면서까지 어떤 사업에 몰두했다. 그런데 아직까진 그 사업이 본궤도에 오르지 못한 상황이다. 오늘 아내의 계속된 큰소리에 남편은 속도를 줄이다 욱하는 마음에 순간 가드레일을 들이받고 말았다.

아내 "처음엔 저도 좋게 말하고 달래도 봤죠. 한 아이템으로 안 되면 이것저것 다 해 봐야 하잖아요. 그런데 말을 안 듣는 거예요. 자기는 충분히 승산이 있다고는 하지만 지금까지 아니면 아닌 거잖아요. 형편은 계속 빠듯한 데.. 이번에 자동차 수리비까지 나가게 됐으니 무척 화가 나요."

남편 "아내는 집에만 들어오면 내게 잔소릴 해대는 거예요. 내 온 힘을 다해서 일하고 들어왔는데 말이죠. 오늘은 기분 좀 풀 겸 아내와 외식하러 나왔습니다. 그런데 아니, 출발할 때부터 잔소릴 하는 거예요. 제발 그만 하라고, "그러다 사고 난다!"고 해도 막무가내로 계속하더라구요. 사업 초기라 그렇지 조금씩은 나아지고 있거든요. 그런데 아내는 그걸 못 참고.. 오늘도 나에게. 그래서 홧김에 그만.."

현재 가정 형편이 어렵지만 남편이 어떤 일을 열심히 한다면, 지금 당장은 수입과 관계없는 일이라도 아내는 인정해 줘야 한다. 남자는 경쟁에서 뒤처지지 않을까 하는 불안감과 함께 성취하고픈 욕망 또한 항상 있는데, 아내가 남편의 일에 사사건건 제동을 건다면 남편의 도전성은 무뎌져서 생계유지가 더 어려워질 수도 있다. 성공에 대한 열망은 남자의 기본 욕구이지만 그 열망을 표현하는 방식은 각기 다르다는 걸 이해해야 한다.

남편의 가장 중요한 본능이 꺾이면 가정에도 손해가 될 수 있다는 게 이해가 된다면 아내는 완화된 표현으로 부탁하는 게 좋다. 특히 도전성에 큰 상처를 입어 아무 일에도 노력하지 않는 남편을 원하지 않는다면 말이다.

* 남편에 자꾸 브레이크를 걸어 자극할 게 아니라, 아내 스스로 다른 곳

에도 눈을 돌린다면 부부의 갈등은 그만큼 줄어든다.

원시시대부터 여자들은 강한 남자를 찾기 위해 저울질했을 것이다. 남자와 가족을 이룬 후에도 척박한 환경에서 살아남기 위해 여자는 가지고 있는 것을 지키려고 노력했다. 한번 손에 들어오면 잘 놔주지 않았다. 집안에 식량이 떨어지면 남자를 부추겼고 남들보다 부족하다면 채우려고 했다. 그래야 생존할 수 있었기 때문이다. 이렇듯 비교하는 버릇은 여자의 본능이 되어 버렸다.

현재도 아내는 자신의 남편과 자신의 집을, 그리고 자식도 남들과 비교하면서 살아간다. 남편은 이러한 아내의 본능을 이해해야 한다. 아내는 자신이 선택한 남자가 최선이었으면 하는 마음을 가지고 있다는 것을.

― 그 얼마나 많은 부부가 결혼으로 인해 서로 멀어지게 되었던가.

/ 알프레드 카뮤

'부부 갈등 해결의 flow chart'
　　배우자의 욕망과 <u>현재 위치 인정</u>(부부싸움이 줄어 듬. 그리고 새로운 부부 관계의 시작)
　→ 강요나 화를 내는 것보단 <u>이해하려는 마음</u>이 우선(말하는 것보단 듣는 연습 후에야 배우자의 입장에 서 보는 것이 가능)
　→ 배우자에 대한 <u>미움 해소</u>(관계 회복의 필요조건. 그래야 상대의 본능을 억압하지 않고 소통하는 단계로 갈 수 있음)

→ <u>소통</u>(처음부터 갈등을 끄집어내지 말고 서로 연락하고 메시지를 주고받는 것부터 시작. 긍정적 reaction 필요)

→ <u>타협</u>

남자들은 자신에게 거의 모든 걸 바라기만 하는 여자에게는 거부감을 갖는다. 왜냐하면 남자의 가장 큰 바람은 성공이고 관심사는 사회에 더 많은데, 여자의 요구만 들어줄 수가 없기 때문이다.[78]

아내가 남편을 향한 지나친 관심을 다른 거에도 나눈다면 남편은 아내의 부담에서 가벼워질 수 있다. 남편이 뒤처져 오고 있다면 좀 기다려 주자. 다그치기만 한다면 그나마 따라오는 것도 포기해 버릴지도 모르기 때문이다. 남편의 가정 내 참여는 거의 늘 수동적일 수밖에 없다는 걸 이해한다면, 우는 아이 달래듯 아내들의 참는 지혜로움은 이때야 말로 꼭 필요하다. 세상에 즐거운 것은 많고 긍정적인 삶은 풍요롭다. 취미생활은 시간을 낭비하는 게 아니라 여유를 되찾는 것이다. 이 말은 남성보단 여성에게 더 필요한 조언이다.

쇼윈도show window 부부들

우리는 마음에 드는 이성이 나타나면 다른 이성은 눈에 들어오지 않고 어느 날은 사랑의 편지를 쓰기도 한다. 그런데 마냥 행복할 것 같고 설레는 마음으로 결혼을 하지만 막상 결혼생활은 별 재미가 없을 때가 많다. 그 중 쇼윈도show window 부부가 있다.

우리가 알고 있는 쇼윈도 부부는 같은 일을 하고 있거나 대중에 자주 노출되는 스타 부부에게서 종종 찾아볼 수 있다. 쇼윈도 부부란 실제론 부부 사이가 안 좋은데도 사회적 위치나 생활에 대한 미련 때문에 지인 앞에서는 서로 친절해 보이는 부부를 뜻한다. 이런 부부에게 공통적으로 내재해 있는 문제점은 서로에게 마음의 문이 닫혀 있어 원만한 대화가 되지 않는다는 점이다. 그런데 쇼윈도 부부들은 마치 누구에게 보여주려는 듯 공개된 곳에서는 행복한 부부처럼 보이고 싶어한다.

　이러한 쇼윈도 부부의 출현은 요즘 세대와 무관하지 않다. '우리 결혼했어요'와 같은 가상 결혼생활을 다룬 TV 프로그램의 장기 흥행을 보더라도 대중은 개인이나 연예인의 일상생활에 관심이 많다. 또한 사생활 노출이 요즘처럼 자연스럽게 받아들여진 적도 없다. 조지 오웰의 소설 〈1984년〉에 나오는 '정보의 독점과 일상적 감시를 통해 사람들을 통제하는 감시 권력'을 뜻하는 '빅브라더$^{Big\ Brother}$'란 말이 사생활 침해 논란에도 불구하고 현재 영국에서 범죄 예방 차원의 의미로 쓰이듯, 물론 대중을 떠나선 개인이 존재할 수 없고 개인의 생활도 사회의 일부임을 부정할 수 없는 면도 있다. 이러한 점 때문에 바로 쇼윈도 부부는 오늘도 보여주기 위한 왜곡된 삶을 살고 있지 않나 생각해 본다. 그러나 리얼리티 쇼$^{Reality\ show}$의 문제점을 정면으로 다룬 영화인 '트루먼 쇼'가 개봉된 지 20여 년도 안 되었다는 점을 상기해야 할 것이다.

　한때는 다정했던 부부가 지금처럼 서먹한 관계가 된 데는 두 사람 모두의 책임이다. 갈등의 원만한 해결을 위해서는 서로를 이해해야 하는데 쇼윈도 부부는 위기가 닥쳤을 때 서로를 포기해 버림으로써 갈등을 묻어버린다. 서로가 자존심이 세거나 지기 싫어하는 성격을 가지고 있기 때문이다. 결국 불만은 쌓이고 갈등의 폐해는 고스란히 부부 각자에게 돌아간다. 배우자의 감정까지 지배하고 굴복시키려 하니 해결은 안 되고 앙금이 남을 수밖에 없다.

불만이 없는 가정이 어디 있겠는가? 문제는 싸움 후에는 잘 풀어야 하는데 쇼윈도 부부들은 훌훌 털어버리질 못한다는 것이다. 오히려 옛날 일을 끄집어내거나 그동안 참아왔던 오만가지 불만을 한꺼번에 쏟아 붓기도 한다. 또한 쇼윈도 부부에게 성생활도 좋을 리 없다. 성에 대한 욕구를 자위행위로 해결하거나 아무 죄책감 없이 외도에 빠지기도 한다.

서로를 지켜 줘야할 방패가 어찌하여 서로를 겨냥한 창이 되었을까? 그러나 한때 사랑했던 사람이기에 관계 회복도 충분히 가능하다. 사회는 어울림의 집단이듯 가정도 마찬가지다. 그러므로 가정 안에서도 몇 가지 규칙이 있어야 한다.

첫째, 배우자를 소유하려 하지 말라.

원하는 옛날 모습만으로 되돌리려고 고집하는 것은 어리석은 짓이다. 세상이 변하듯 배우자도 변한다.[79] 세월이 흐르면 옛 모습을 고스란히 간직한 사람은 없듯이 첫사랑 마음 그대로인 부부들은 존재하지 않는다.

둘째, 상대를 자극하지 말라.

손바닥이 마주쳐야 소리가 나듯이 부부싸움은 혼자서 하는 것이 아니다. 한쪽만 잘못이 있어 헤어지거나 파탄이 나는 경우는 드물다.

셋째, 먼저 도움을 주라.
 부부 사이 대화의 부재를 어떻게 해결할 것이며 해결의 실마리는 무엇인가? 장작이 타들어가야 환한 불빛을 내듯이 누군가는 먼저 주는 사랑이 뒷받침되어야 행복한 가정의 선결 조건이 된다.[80] 당신 앞에 있는 배우자는 남들처럼 쉽게 상처 받는 평범한 인간이다. 상대가 힘들어 할 때 먼저 손을 내밀라.

넷째, 신뢰받을 수 있도록 행동하라.
 서로에 대한 배려는 관계 개선의 첫걸음이다. 남편은 아내를 지켜주겠다는 믿음을 보여줘야 한다. 가정을 등한시한 채 자기 욕심만 고집하는 것은 이기적인 생각이다. 아내는 남편의 자유로운 사고방식을 인정해야 한다. 남편이 집에서 쉬고 싶다면 그렇게 하도록 놔두자. 편안한 휴식을 취한 남편은 가정을 위해 더 노력할 것이다.

다섯째, 힘들 때는 옛 기억을 더듬어라.
 예전의 좋았던 부부 관계, 즐거웠던 추억은 소중하다. 당신에게 헌신하고 노력했던 배우자의 예전 모습을 기억한다면 지금 작은 단점만을 캐어 말하지 말고, 배우자에게 감춰진 장점을 찾아보라. 배우자가 마냥 싫지만은 않을 것이다.

– 이 세상의 태양 아래 움직이는 모든 이들에게. 식어가는 태양의 반쯤 따사로운 것이 얼어 죽는 것보다 나으니. 반의 사랑도 전혀 사랑하지 않는 것보다는 나은 것이니. / 필리스 맥킨레이

'남편의 외도'는 그들이 저지른 잘못 중에서도 가장 크게 용서받지 못할 짓이다. 나 말고 다른 여자와 함께 했다는 것은 '남편이 끝까지 나와 함께 할까?'라는 아내들의 본능적 불안을 불러일으킨다. 그런데 아내가 지속적으로 상대 여자를 꺼내서 말할수록 남편의 방어기전은 발동하며, 아내의 입장에선 정당하지만 아내의 불같은 화로 인해서 남편이 '내가 둘 중 한 명을 진짜 선택해야 하나?'하고 생각하게 된다면 문제를 더 키우는 꼴이 될 수 있다.

잘못된 과거에 대해 배우자가 진심으로 용서를 구했다면 그 일은 머릿속에서 지워버리는 게 좋다. 그래야 다시 시작할 수 있다. 무의식에서 자꾸만 튀어나오는 부정적 생각만을 반추할수록 자신만 힘들어질 뿐이다. 그릇된 생각이 들더라도 '나에게만 이런 고통이 찾아오는 게 아닐 거야. 다른 사람들은 다른 고통이 있겠지'라며 그 불안한 마음을 진정시키자. 결국엔 세월과 함께 부정적인 생각도 사라질 것이다.

바람피우는 남편과의 화해

사실 남편의 성적 무관심이나 바람기 때문에 성클리닉을 방문하거

나 우울증까지 겪고 있는 여성들이 제법 있다. 인간은 욕구를 조절해야 하는 사회적 동물이지만 본능이 사라진 것은 아니다. 기원전부터 매춘은 시작되었고 고대나 봉건사회에서도 남편들의 외도는 있었다. 아내에게 매력이 없어서 다른 이성을 찾는 것만은 아니라는 것이다. 바람피우는 남편의 입장에서는 아내보다 편한 마음으로 제공받을 수 있는 성을 찾다 보니 외도를 하는 것이고, 성적으로 접근해 오는 여성의 유혹을 뿌리치기에는 그 남성의 본성이 약했을 수도 있다.

우리는 몇 번씩이고 고개를 내미는 부부 사이의 공허감을 쇼핑이 됐든 소주가 됐든 간혹 다른 무엇으로 대신한다. 타 이성에 대한 단순한 호기심이 문득 부적절한 관계로 이어지기도 한다. 그런데 다행히도 아슬아슬한 줄타기는 오래가는 경우가 흔치 않다.

남편에게.
 현재의 다른 여성도 지금의 (정확히는 예전 모습의) 배우자와 사뭇 다르지 않다. 그 이유는 자신이 좋아하는 여성 취향이 비슷하기 때문일 것이다. 지금의 아내도 예전에 사랑해서 결혼 했지 않나. 그리고 '바람'을 피웠던 대부분의 남편들은 당시엔 해방감과 만족감이 영원할 것 같았지만, 말 그대로 '일시적'이라는 것을 뒤늦게 안다고 한다.
 지금 당신의 아내가 바가지를 긁고 있어도, 아내의 잔소리는 당신하고 싸우자는 게 아니다. 아직도 당신에게 관심이 있고 당신이 지금보다는 좀더 나아졌으면 하는 아내의 바람일 뿐이다.[81] 바람피우는 남편은 지금이야말로 진정한 사랑을 하고 있다고 생각할지 몰라도 상대 여성으로부터 받았던 애정이 나중에는 부담으로 다가올 수 있음을 알아야 한다.

아내에게.
　만약 당신의 남편이 바람을 피웠다면 '잘해주기는커녕 감히 나에게 이럴 수가 있어?'라며 분하기만 할 것이다. 그런데 가정불화의 원인을 전부 남편의 바람기로 몰아붙여서는 안 된다. 가정 내 문제로 인해서 밖으로 도는 경우도 많다. 남편의 입장에서는 아내가 있어도 편안함이 채워지지 않았을 수 있다.
　남편이 지쳐 있을 때 아내의 조그만 배려에 고마움을 느끼듯이 남편이 반성한다면 오히려 지금이 기회이다. 사랑도 받아 본 사람이 사랑을 할 줄 안다고 했다. 남편이 돌아올 수 있게 먼저 사랑 표현을 하자. 돌아왔다면 따뜻하게 맞이해 주자. 남편은 감사의 마음을 새길 것이다.

부부 모두에게.
　배우자를 '너는 좋은 사람', '너는 못된 사람'으로 단순히 나눠 버린다면 부부 관계가 참 괴롭다. 결혼생활은 배우자를 소유하거나, 소유가 안 되면 버리는 것이 아니기 때문이다. 서로가 자신을 돌아보는 기회를 가졌으면 한다. 아니다 싶으면 그때 헤어져도 늦지 않다.
　먼저 바람기 있는 남편의 개선 의지가 절실하다.
　'배우자는 결코 원하는 만큼의 사랑을 다 주지는 못한다.' 문제 해결은 이 점을 인정하는 것에서부터 시작된다.
　아내는 지난 과거 때문에 자포자기하면 안 된다. 무엇보다 자신이 선택한 인생인데 한 번의 실패에 무너지고 싶은가?
'이혼 여부는 자신을 추스른 후 그 다음에 생각할 일이다.'

　잠자리가 좋으면 전반적인 부부 관계도 좋은 경우가 많다. 그러므로 원만한 성생활이 되고 있는지도 살펴봐야 한다. 남편이 자꾸 잠자리를 피한다거나 출산 후 잠자리에 문제가 있다면 성 전문가를 찾아가 보는 것도 도움이 될 수 있다.

*주례사에서 들었던 것처럼 부부란 서로에게 소중한 존재가 아니었던 가. 서로 좋아서 결혼하는 것은 쉽지만 가정을 잘 유지하는 것은 어렵다는 것을 명심하자!

　– 존중하지 않는 곳에서는 우리의 사랑도 끝난다. / 벤자민 디즈레일리

　다행히도 대부분의 부부 갈등은 그리 오래가지 않는다. 남편은 가정 불화 때문에 하고자 하는 일이 방해받을 것을 염려하고, 아내는 가정의 미래를 위해서는 남편의 참여가 꼭 필요하기에 큰 부부싸움 후에도 곧 화해에 이른다.[82]
　그런데 많은 남편들은 부부싸움 후 진심으로 용서를 구한다기보다는 자신이 계획하지 않은 분란으로 인하여 일에 차질이 생기는 걸 원하지 않기에, 옳고 그름을 가르는 일보다 한번 져 줌으로써 싸움이 중단되길 바라는 마음이 더 크다. 한편 아내들의 마음속에는 아무리 큰 싸움 후라도 남편의 화해 제스처를 받아들일 만한 구석은 남아있다. 그

렇지만 남편의 사과를 진정 받아들였다기보다는 남편의 사랑을 확인했다는 점에 의미를 둔다. 앞으로는 남편의 잘못이 반복되지 않길 바라면서 말이다.

그러므로 부부싸움 후에는 남편들은 스스로 생각을 정리하거나 바람을 쐰 후에는 아내에게 화해를 청할 수 있고, 아내들은 먼저 화해의 손길을 내미는 남편을 보며 내심 다행이라 생각한다. 그러나 서로를 여전히 이해하지 않은 상태에서는 부부 갈등은 되풀이될 수밖에 없다.

'잔뜩 화난 배우자를 어떻게 식힐까?

"화 풀어.", "날 이해해 줘." 같은 통보가 아니라 '스스로 평상심을 회복할 수 있는 환경'이 필요하다. 남편에게는 시간을, 아내에게는 관심을 주는 것이다.

내 남편은 모든 걸 귀찮아 한다가 아니라, 일을 마친 당신의 남편은 먼저 쉬길 원할 뿐이다. 남편에겐 쉴 수 있는 시간과 공간을 줘 보자.[83] 사냥한 후 집에서 휴식을 취한 뒤에야 다음 활동을 했던 원시시대 남성들의 본능으로 볼 때, 방해받지 않고 충분히 쉰 남편에겐 아내에 대한 부정적인 생각은 줄어들고 아내의 말도 귀에 잘 들어올 것이다.

찬바람을 일으키는 아내에겐 어떻게 다가가야 할까? 남편의 빠른 피드백과 가사 분담 등은 아내가 여전히 보호받고 있다는 믿음을 되살린다. 가정의 행복에 같이 노력하고 있다는 남편의 마음을 보여줄 때 아내의 화는 풀리리다. 말로만 용서를 구하고 화해를 청하는 것은 아내의 화를 잠시 눌러두는 역할밖에 못한다.

'남편의 큰 잘못 때문에 아내가 반성문을 받는다 해도, 남편의 노력은 오래 가지 못한다'

이유는 남편이 사악해서도 아니고 의지가 약해서도 아니다. 오랜 습관이나 원초적 본능 때문에 힘든 거다. 그래서 각서에는 남편이 감당하기 힘든 요구들이 들어가 있으면 안 된다. '이 정도는 꼭 지켜줘야 돼'처럼 아내의 바람을 요구하는 게 아니라 지금 지킬 수 있는 것, 즉 이 정도라면 "한번 해 볼 수 있지?"라고 묻는 요청이라야 한다. 그래야 망설이다 고쳐보려는 시늉이라도 할 것이다.

각서 종이만 쌓여간다고 불평만 할 게 아니라 아내는 타협을 해야 한다. 집밖에만 관심 보이는 남편을 가정으로 끌어들이는 건 참으로 어려운 일이다. 지금까지의 각서에는 남편 못 받아들이는 것들도 들어가 있으니 고민도 않고 (갈등 상황을 빨리 끝내고 싶은 마음에) 그냥 사인하는 거다. 각서를 받더라도 쉬운 것부터 요구하자. 그 쉽다는 것도 남편에겐 부담일 수 있지만, 그래도 해 볼 만은 하기에 한 번 더 생각하고 스스로도 '이 정도는 해 줘야지.'하고 다짐도 해 볼 테다.

그렇다면 아내는 열을 얻고 싶어도 남편이 할 수 있는 것, 한두 개만 요청하는 게 현명하다. 그리고 이게 고쳐지면 다음에 또 한두 개를 요구하더라도 남편의 저항은 줄어들 것이다.

* 유독 여성들이 애인이나 배우자에게 다짐을 받아 내는 행위는, 관계 유지를 바라는 그녀들의 신성한 의식儀式 같은 거다.

'당신의 불안을 잠재우기 위해 남편에게 각서를 받아야 한다면 어떤 포맷으로 할 것인가?
1. 이참에 남편의 못된 버릇을 고칠 수 있는 근본적인 변화를 요구한다.
2. 잘잘한 잘못부터 큰 잘못까지 못마땅한 것 모두를 고치라고 한다.
3. 현 상황에서 남편이 받아들이기 쉬운 내용만 적는다.

3번이 가장 현명한 방법이다. 혁명과도 같은 1번 내용은 애초에 실현 불가능하다. 2번의 각서에 남편이 사인을 하더라도 고치기 쉬운 것도 고치기 힘든 내용에 묻혀 그마저도 ('어차피 이 각서는 내가 못 지키는 거잖아'라는 남편의 잠재의식에 묻혀) 못하는 경우가 많다.

'행복한 가정을 위한 아내들의 계획표엔 항상 남편의 자리가 있다'
모든 아내들은 남편을 그 계획표에 집어넣고 역할 분담을 원한다. 그래서 더 이상의 부부싸움을 원치 않는다면 남편들도 가정 일에 참여해야 한다. 만약 남편이 아내를 조금만 도와주더라도 부부싸움은 훨씬 줄어들 것이다. 단 가정의 주도권은 아내에게 있다는 걸 잊지 말자. 임신 계획이나 자녀 교육의 주도권도 마찬가지다.

아내의 말에 반에 반만이라도 맞장구치거나 사소한 것일지라도 아내를 이해하려는 마음을 가진다면, 그 남편은 돈도 안들이고 점수를 딸 수 있다. 자녀들의 행복은 행복한 엄마로부터 나오고, 행복한 엄마는 사랑해 주는 남편이 있어야 가능하다. 아내가 자녀들을 너무 잡는다고 속상해 할 게 아니라, 남편이 아내의 짐을 하나 덜어주면 아내의 스트레스 하나가 줄어든다. 그러면 엄마가 애들에게 짜증내는 것 또한 하나가 줄어든다.

아내는 선물의 개수로 남편을 평가하지 않고 매너 있고 다정다감함을 원한다. 남편이 아내의 말에 귀를 기울이고 조금의 관심만 가져도 불행한 가정의 9할은 치유될 것이다.[84]

* 여성은 선물을 많이 주는 남자가 아니라 항상 내 편이 되 줄 것 같은 남자에게 끌린다.

행복한 가정을 위해선 남편은 아내가 짊어진 책임을 나눠 가져야 한다. 그렇다고 거창한 게 아니라 쉬운 것부터 해 보자.(남편들이 자발적으로 가사노동에 참여한다는 것은 천지가 개벽할 대단한 일이다.) 출근할 때 쓰레기봉투를 들고 나가고, 같이 식사 준비를 하며 설거지나 식탁을 치우는 남편이 꼭 가족 드라마 속의 설정에나 있는 것은 아니다. 애들을 가르치는 방법이 아니더라도 거실에서 TV가 아닌 책을 읽는 것도 교육 차원에서 좋다. 어깨가 가벼워진 아내는 한결 여유가 생기며 스트레스 조절도 수월해질 것이다.

'가정만 최우선으로 하는 아내의 사고방식엔 절대적 오류가 있다'
누구 못지않게 가정을 위해서 아내 자신이 많이 희생한다고, 애들이나 남편에 헌신한다고 한다. 그런데 가정의 행복을 위한 방법이 꼭 아내의 방식뿐이어야 할까?
아내는 집안의 지휘자가 되고 싶어한다. 대부분의 아내들은 주도적으로 결정하고 이에 가족이 따라주길 원한다.[85] 원시시대부터 내려온 엄마나 아내들의 역할이 그랬었다. 항상 부족했던 식량을 잘 관리해야 했고 남성들이 사냥을 나간 후 애들을 돌보는 일은 온전히 성인 여성들의 몫이었다. 그런데 사회는 변했다. 식량도 부족하지 않고 애들 때문에 불안해하지 않아도 된다. 그렇다면 본능과 현실 사이에서 현대 여성들은 어떻게 적응해야 할까? 지시하고 따라준다고 감동적인 음악이 되는 건 아니다.

설령 아내의 생각이 전부 옳다고 해도 자발적 참여가 없는 강요는 최선도 아니고 결과도 좋지 못하다. 가르치려 하기 전에 먼저 들어줘야 할 것이다.

행복한 가정을 위해선 가족 간의 동의를 구하라. 상대의 의견을 무시하는 짓은 사람을 물어뜯는 좀비의 행동과 같다. 배우자에게, 애들에게 상처를 주는 일이다. 배우자가 많이 부족해 보이나? 상대에겐 당신도 그렇게 보여진다. 대수롭지 않을 것 같은 당신의 행동이 상대에겐 (내색은 안 해도) 꼴 보기 싫거나 참을 수 없는 일일 수도 있다. 결혼은 완벽한 사람과 하는 게 아니다.

애정이 식어가는 신호가 오거나 데면데면해질수록 야외에서, 또는 레스토랑에서 부부 간의 대화를 시도해 보자. 남편이 휴식을 취하는 '집안'이 아니기 때문에 '집밖'에서는 남편들도 대화할 마음을 열어놓게 된다. 이런 식으로 몇 번 하다보면 집안에서도 남편과의 대화를 늘려 갈 수 있다.

그런데 다시 시작하는 부부 대화는 어색하다. 처음에는 마주앉아 이야기 하는 것보단 산책하면서 이야기 하는 게 좋다. 사랑의 감정이 되

살아나지 않은 상태에서는 좁은 공간에서 서로를 쳐다본다는 게 쉬운 일이 아니다. 주위 풍경을 보며 걷다보면 스스럼없이 말도 건네게 되고 이야기할 화제도 많아지며 자연스레 손도 잡게 될 것이다.

애들 문제는 어떻게?

부성애보다 모성애가 더 크다는 건 생리학적으로 증명된다. 남성은 정자를 뿌리면서 끝나지만 여성은 그때부터 시작이다. 임신이 되면 열 달 가량을 품고 있어야 하고 출산 후엔 수유와 육아 등, 아이의 생존은 절대적으로 엄마에 달렸다. 인간만 모성애가 더 우월할까? 아니다. 다른 동물들 대부분 그렇다. 사마귀나 거미는 교미 후 영양분 보충을 위해서 수컷을 잡아먹기까지 한다.

"우리 오늘 맛있는 거 먹으러 가자"
  모처럼 외식하러 가자는 엄마의 말에 식구들 모두는 들떠 있다.
  남편 "난 ○○ 먹고 싶어. 당신은 이거 좋아해?"
  아내 "애들이 좋아할까? 가만, 애들에게 물어보고.."
  남편 "…"

화창한 어느 오후, 일하고 있는 남편의 휴대폰이 울린다.

아내 "여보, 애가 숙제는 잘하고 있는지 전화를 했는데 애가 울먹여. 이런 적이 없었는데 왜 그러지? 점심은 먹었다곤 했는데 목소리에 영 힘도 없고.. 회사에 말하고 점심도 차려 주고 애 얼굴도 보고 올걸 그랬나? 마음이 안 좋네."

애는 초등학교 5학년이고 지금은 곧 개강을 앞둔 방학 끝물이다.

남편 "그래? 그래도 어쩔 수 없잖아. 당신이 놀고 있는 것도 아니고, 아무리 집이 가깝다 해도 점심마다 갈 수는 없고.. 여보, 나 일하고 있으니 이따 저녁에 이야기 하자."

아내 "…"

이렇듯 아내의 모성애는 남편이 노력해도 따라갈 수 없는 여성의 본능이다. 이러한 차이로 인해서 가족을 챙기는 일이나 아이의 교육 등에 있어서 남편의 역할은 제한적일 수밖에 없다.

애들 문제 때문에 부부 간의 다툼이 잦다. 늦은 밤 침대에 눕기 전 아내가 남편에게 말을 건넨다.

"큰애 학원 하나 더 보내야겠어. 수학이 그렇게 중요하대."

"안 돼. 지금 애 학원이 몇 갠지나 알아?"

"당신이 애들 교육에 대해 알면 얼마나 알아? 지금 수학을 못 잡으면 고학년 돼서 더 문제야."

"당신은 지금도 애가 힘들어 하는 거 안 보여?"

결국 애 학업 문제로 부부싸움까지 갔다. 큰애의 성적 때문에 잠자리에서도 걱정하는 엄마와 너무 많은 과외로 큰애의 미소를 본적이 오래됐다는 아빠. 물론 부부 모두는 아이의 미래를 걱정하고 행복했으면 한다. 그러나 교육 방식의 차이가 너무나 크다.

아내의 말에 남편이 위와 같은 반응을 보였다면, 그냥 싸움하자는 것밖에 안 된다. 솔직히 아내가 한번 마음먹은 애들의 교육 방식과 계획에 남편이 끼어들 틈은 적다. 그래서 남편은 이렇게 답해 보자.

"그래? 당신 생각이 그렇다면야.. 그런데 애가 너무 힘들지 않을까? 애한테는 말해 봤어?"

"먼저 학원가서 테스트 받아보자 하니까 자꾸 싫다고 하네."

"애 학원 과외가 몇 개지? 대신 다른 거 하나 줄여 보자고는 말 안 해 봤어?"

"애가 학원 줄여 달라고는 내내 말하지. 근데 남들 다 하는 과외를 줄일 수는 없어."

"여보. 당신은 애가 행복했으면 좋겠지. 그러면 이번만은 우리 애 부탁 하나는 좀 들어주자. 당신이 학원 줄이지도 않고 하나 더 하라고 하니, 애가 얼마나 부담되고 고민되겠어."

"알았어. 내일 애와 더 대화 해 볼게."

마침내 아내의 긍정적인 답변을 얻어낸다. 아내의 반발을 부르지 않고도 남편은 하고 싶은 말을 다 할 수 있다. 이렇게 남편의 현명한 대응 방식이 아내와의 관계뿐만 아니라 애들의 교육과정 선택에도 긍정적인 영향을 미친다.

"엄마 때문이야!"

아침 등교시간에 쫓겨 애가 엄마에게 짜증을 냈다 보다. 아이가 엄마인 자기를 무시한다고, 자기에게 대든다고, 학원 보내 공부시켜놨더니 이럴 수 있냐고, 뭐 하나 먹이고 보내고 싶은 마음인데 엄마 때문에 지각하겠다고 말하는 아이를 보곤 아내는 많이 서운한 상태다. 그런데 남편이 여기에 대고 불에 기름을 붓는다.

"당신이 그렇게 키웠잖아. 1등 해야 한다고, 다른 애들과 비교하고 그러니 애가 자기밖에 모르고 저렇게 급할 수밖에."

결국 남편에게 위로를 받고 싶었던 아내는 더욱 화가 났다.

남편은 먼저 아내의 안 좋은 기분에 공감해 줬어야 했다.

"자기, 많이 속상했지. 애가 왜 엄마 마음을 몰라주지? 사춘기에 애들이 반항도 하잖아. 우리 저녁에 뭐 맛있는 거 먹을까?"

아내의 기분이 어느 정도 풀어졌다면 그때 남편은 하고 싶었던 말을 하면 된다.

"애의 안하무인 성격에는 우리 탓도 있는 것 같아. 학원 좀 줄이고 휴일엔 앞 공원에 가서 애들과 같이 자전거도 타자. 나도 당신을 도와줄게."

주의할 점은 아내에게 단도직입적으로 해서는 안 되는 말이 있는데,

"우리가 교육방법을 바꿔야 해.", "당신의 훈육 방식은 잘못됐어."

이와 같은 말은 그동안 애 뒷바라지를 위해 고생했던 아내를 온전히 부정하는 뉘앙스로 전달되어 당장 아내의 반발을 불러온다는 거다. 그러므로 아내가 거부감을 갖지 않도록 말하는 게 포인트다.

"나도 그렇지만 당신이 실망이 컸겠어. 그토록 신경을 많이 썼는데

애가 자기밖에 모르니. 처음부터 그랬던 것은 아니었는데.. 여보, 우리 학원도 좋지만 도서관이나 전시회 같은 곳도 자주 가자. 앞으론 당신도 바깥 구경도 좀 하구."

아빠는 애에게,

"엄마는 눈뜨고 하는 일이 온갖 집안일에다 너희들 생각뿐이야. 난, 너가 엄마에게 함부로 대하지 않았으면 해. 물론 너도 친구들과 놀 시간이 부족하고 공부 때문에 힘들다는 걸 알아. 그렇다고 너의 불만이 하루 종일 너희들만 생각하는 엄마의 정성에는 비할 바가 안 돼. 이따 엄마에게 사과하지 않을래? 그런 후에 우리 가족, 영화 보러 가자. 너가 보고 싶어했던 그 영화 말이야."

조기교육이나 사교육 등으로 인해서 애들은 역사상 처음으로 물질적 빈곤이 아니라 심한 정신적 스트레스에 놓여있다. 애들은 꼭 뛰어놀아야 한다. 친구들과 어울리거나 교과 과목이 아닌 다른 책들이나 미디어를 통해서 스트레스를 풀어야 한다. 어른들의 훈계하는 시간만큼 애들의 노는 시간도 중요하다.

인간은 스스로 스트레스를 풀 수가 있다. 다만 그럴 시간이 부족할 뿐이다. 필요하다면 엄마는 애의 학원 하나를 줄여서라도 놀 시간을 줘야 한다. 풀지 못한 스트레스 때문에 가정불화의 악순환에 빠지지 않으려면 애들도 휴식의 시간은 꼭 필요하다. 어려운 게 아니다. 10분 더 놀게 하고, 10분 더 적게 잔소리하고, 10분 더 자게 하면 된다. 하루 한 번만이라도 안아주고, 하루 한 번만이라도 모두 모여서 밥을 먹고, 하루 한 번만이라도 애의 말을 들어주면 된다.

가장 힘이 되는 말은 "난, 너 편이야.", "힘들면 말해. 알았지?"

아내가 딸아이를 야단친다. 그것도 거의 하루 종일. 마음에 들지 않아서다. 남편이 옆에서 보다 못해 아내를 나무란다.
A "당신, 너무한 거 아냐! 엄마 맞아? 이럴려고 애를 낳았어?"

　그러자 아내는 남편에게도 화를 내고 폭언을 한다. 이번 일로 아내는 사과하기는커녕 남편이 갈수록 미워진다. 남편은 어이가 없다. 참다못해 끼어든 것뿐인데 억울하다. '내가 왜 아내에게 당해야 하나?' 이해하지 못한다. '아이가 얼마나 힘들까' 생각하니 더 화가 난다.

　남편이 한소릴 듣는 이유는 다른 게 아니다. 아내는 내내 방관자 자리에 있다가 갑자기 심판자로 돌아선 남편의 모습을 걸고넘어진 거다. 충고 같지도 않은 말투도 기분이 나빴지만 아내가 문제삼는 것은 기왕의 남편의 무관심이다.

　애들 교육에 있어 자꾸만 간섭하는 남편에게 아내들은 이런 말을 하곤 한다.

　"내가 뭘 하든지 당신은 가만히 좀 있어. 나서지 마!"

　"평소에 이러고선 무슨 무관심을 말하냐?"며 남편은 항변할 수 있다. 그런데 남편더러 진짜 가만히 있으란 의미가 아니다. 아내는 교육의 큰 그림은 자기가 그리더라도 남편은 과연 아이가 뭘 좋아하고 가장 친한 친구가 누구인지는 알고 있는지, 아이와 같이 놀아주고 옆에서 책을 읽었던 적이 몇 번이나 있었는지를 추궁했던 거다. 애를 야단칠 때만 골라서 끼어들지 말라는 의미다.

남편이 처음부터 A와 같은 말투로 아내를 다그친다면 돌아오는 반응은 뻔하지 않겠나. 건네는 말이 아무리 똑 부러지고 타당해도 이미 화난 상태의 상대에게겐 먹히지 않는 법, 하물며 꾸짖는 듯한 지적은 오히려 아내의 화를 키워 버렸다. 무엇보다도 '잘했니, 못했니'를 떠나서 아이 있는 데서 남편의 큰소리 자체가 아내에게 상처를 남겼다. 남편은 당연히! 아내를 따로 불러서 말했어야 했다.

그런데 막상 아내와 따로 말한들, 또는 아내의 화가 풀린 후 문제점에 대해 대화한들 대부분은 그때뿐이고 가정의 불화는 곧잘 반복되곤 한다. 원인이 무엇일까? 그건 바로 상대를 진심으로 이해하지 않았기 때문이다. 아이에 지나치다 싶을 정도로 화내는 아내에게 남편도 같이 화내는 게 하수라면, 따로 말하자며 아내 손목을 잡는 것도 중수다. 남편이 언제나 할 수 있고 변하지 않는 상수는 그 즉시 아내를 한번 안아 주는 거다.

"그래. 그랬구나. 알았어. 애도 알아들었을 거야."

이 말 한마디, 그리고 아내가 숨을 고를 때까지 감싸 준다. 아내도 폭주하는 자신의 화를 누군가가 멈춰 줬으면 했는데 급브레이크로 충격을 주는 게 아니라, 남편이 아내 스스로 속도 조절을 할 수 있게 해 줘서 고맙다. 아내는 전쟁의 끝을 알리는 남편의 이 말과 공감해 주는 마음이 필요했던 거다. 평화가 찾아올 것이다.

야단만 맞고 자라는 아이는 자존감마저 결여돼 사회 적응력에서도 뒤쳐진다. 가벼운 실수나 실패는 용인되어야 하며 오히려 애들은 넘어지고 일어서는 법을 배워야 한다. 또한 애들의 잘못은 컨트롤해야 할 일이지 매로만 다스리는 게 아니다.

공부는 안하고 놀기만 하는 아이에겐 노는 시간과 책 읽는 시간을 조정해 주고, 스마트폰만 보고 거짓말하는 아이가 있다면 폰 데이터 용량을 제한하고 밤에는 압수를 하겠다거나, 밤늦게까지 숙제하느라 아침마다 지각하는 아이가 있다면 학원 하나를 줄여서라도 잠을 일찍 잘 것인지, 계속 지각을 한다면 어떤 벌을 받을 것인지 아이가 선택하게끔 한다. 아이가 잘 따라오면 상을 주는 것도 잊지 말자.

초등학생 6학년 아이가 학교 동아리 모임에서 1박 2일 캠프를 갔다 온 직후, 친구들과 더 놀겠다는 뜻을 카톡으로 보낸다. 아이의 숙제는 밀렸고 외박 후엔 먼저 집에 들어오는 게 당연하기에 엄마는 머뭇거렸지만, 한두 시간만 노는 걸로 허락했다. 그렇게 두 시간이 지났지만 아이가 다른 친구들도 집에 안 갔다며 또 더 놀겠다고 한다. 엄마는 약속은 지켜야 한다며 안 된다고 벌써 30분째 전화를 붙잡고 있다. 엄마는 근처 놀이터까지 찾아가서 아이를 힘으로 데려오고 집 앞 벤치에서 또 30분간 설교를 한다. 아이는 내내 울고 있다.

해결책 : 아이가 더 놀겠다는 강한 의지를 보인 이상 다시 협상했어야 했다. 엄마와 아이의 티격태격했던 한 시간 가량을 낭비했으며 서로에 대한 감정은 안 좋아졌다. 차라리 처음부터 단호한 결정을 했으면 어땠을까?

"그래. 너가 정 더 놀겠다면 그렇게 해. 대신 오늘 할 일은 책임지고 마무리 했으면 해. 그렇게 못할 경우엔 엄마가 벌을 줄 거야. 알겠지? 넌 한 시간만 더 놀 수 있고 내가 놀이터로 데리러 갈게."

애가 엄마와 함께 계획하고 약속했던 공부를 하지 않았다. 엄마는 크게 화를 냈다. 시간만 낭비하는 아이를 보고도 몇 번씩이나 참았던 엄마가 마침내 폭발한 거다. 야단을 친지 벌써 30분이 지났지만 끝날 기미가 보이지 않자 옆에서 지켜보던 아빠가 나선다. 처음엔 끼어들지 않겠다고 생각했지만, 애에게 손찌검까지 하려는 걸 보고선 아내를 제지한다. 애가 보는 앞에서 남편에게 무시당했다고 생각이 든 아내는 이젠 남편에게 화살을 돌린다.

못마땅한 애의 행동에 몇 번씩이나 참았다면 엄마가 크게 화내는 것은 어쩌면 당연하다. 중간에 끼어든 남편에게도 화내는 것 역시 엄마 입장에서는 합당할 수 있다. 지금까지 애를 보살피고 챙겼던 이는 압도적으로 아내였다. 평상시 애의 교육에 별 신경도 안 썼던 자가 이럴 때만 끼어드니 남편에게 한소리 할 만 하다.

해결책 : 문제는 엄마의 이런 질질 끄는 훈계 방식은 결코 올바르지 않다는 거다. 도가 지나친 훈계는 폭력이 될 수 있다. 애를 질리게 만들고 주눅들게 만든다. 또는 애의 반항심만 자극하고 나중엔 엄마를 무시하게 될 수도 있다. 그렇다면 엄마의 교육 방식은 바뀌어야 한다. 처음부터 "나와 한 약속을 지키지 않는다면 넌 그에 합당한 벌을 받

을 거야."를 주지시켰어야 했다. 객관적으로도 아이가 마음에 안 드는 짓을 했다면 참고 마음속에 담아줄 게 아니라 바로 경고해야 한다.

"애야, 이번이 두 번째야. 한 번 더 헛짓하면 이번 주 용돈은 없는 거야. 알았지." 또는

"아까 말했지? 오늘 밤에 너가 다 했는지 엄마는 꼭 확인할 거야. 만약 못했다면 엄마가 어떻게 한다고 했지?"

이런 단순한 경고 방식은 엄마의 화를 불러오지도 않는다. 왜 아이에게 다시 한번 주지시키진 않고 몇 번이고 참는가. 그렇게 참으니 결국 화를 크게 내는 거다.

애가 요즘 버릇이 없다며 엄마가 야단을 친다. 더불어 불똥은 아빠에게도 튀는데.

"당신이 문제야. 왜 애한테 "친구야 안녕" 이렇게 인사해? 당신이 그러니 나보고도 말을 함부로 하잖아. 애가 우리 친구야? 애가 계속 엉망이잖아."

남편은 어안이 벙벙했지만 대꾸는 하지 않아 부부싸움으론 번지진 않았다. 남편은 충분히 아내가 자신에게 화를 퍼붓는 것으로 느낄 수 있지만, 애의 행동에 실망하고 그로 인해 아내가 뿔났다고 이해하니 의외로 남편은 화가 안 났다.

"애가 당신에게 버릇없이 굴었어? 그랬구나. 기분이 안 좋았겠구나."

그렇다고 아내 말대로 애와 장난치는 걸 포기해야 할까? 아니다. 아내가 안 보이는 데서 애에게 충분히 친근하게 할 수 있다.

"아까 엄마에게 많이 혼났어? 그렇다고 풀이 죽은 건 아니지? 꼬마

친구, 파이팅!"

 부모 한쪽의 과다한 훈계로 애가 시무룩하다면 다른 배우자는 애를 다독거리는 게 좋다. 만약 아빠가 애를 야단친다면 엄마가 그 역할을 하면 될 것이다.

 저항하고 중심을 못 잡는 애의 문제나 가정불화로 상담을 받아 보자는 아내의 말에, 대다수의 남편들은 왜 돈을 그런 데에 쓰냐며 "내가 보기엔 당신이 애를 조금만 잡아도 애의 스트레스는 풀릴 것"이라며 반발할 것이 자명하다. 솔직히 남편들은 '지금껏 애를 망친 사람은 아내라 생각'하기에 굳이 자신까지 상담을 받아야 하는지 납득을 못한다. 그런데 애는 혼자 키우는 게 아니라 같이 키우는 것임을 남편은 알아야 한다.

* *중용中庸*이란? 항상 중간에 서 있으라는 게 아니라 추가 기울어졌을 땐 이동하여 중심을 잡으라는 의미다. 만약 부모 한쪽의 심한 야단으로 애가 주눅이 들고 가정에서 웃음이 사라졌다면 다른 쪽 부모는 애의 입장에서 부부 간의 해결책을 모색해야 한다. 집안일에 특히 애들 훈육 문제에 있어서 배우자는 방관하면 안 된다.

 신체적 약자인 애에게 큰소리로 복종을 강요하는 것은 다분히 아동폭력이다. 애에겐 마음의 상처만 남는 굴복이 될 뿐 아니라, 부지불식간에 "강자에겐 고개를 숙여라!"를 가르치는 꼴이 되고 만다.
 '칼은 칼집에 있을 때 위협적이다.'란 말이 있다. 화를 너무 자주 내다

보면 애들도 부모의 화에 익숙한 터라 아무리 소리를 내고 야단을 쳐도 이미 위협적이지 않게 된다. 오히려 부모가 화를 내는 시간이 길어질수록 아이의 변명거리만 늘어나게 된다. 그리고 야단을 치더라도 당장 아이의 답을 요구하지 않는 게 좋다. 강요에 의한 답변은 올바르지 않다. 이런 애들은 학교에서도 선생님의 훈계에 변명으로 대처할 것이다.

'아이가 거짓말을 했을 때 대화의 기법'

아이의 거짓말이 들통났을 때 막무가내로 화를 내거나 몰아붙인다면 대개 결과는 좋지 못하다. '다음부턴 거짓말을 안 해야지' 하고 애가 다짐하는 게 아니라 '다음엔 어떻게 하면 안 들키지?' 하는 생각이 먼저 들 것이다. 그래서 부모는 먼저 아이가 거짓말을 해야만 했던 이유를 들어준 후, 아이가 스스로 깨우치도록 말을 건네는 것이 좋다.

"너 지금 거짓말처럼 나중에 또 할까 엄마(아빠)는 걱정이 돼. 거짓말도 습관이거든. 자꾸 그러다 보면 친구들도 너의 말을 안 믿게 될 걸."

결국 새끼들은 어미를 떠나게 돼있다. 애들은 사춘기를 거치면서 엄마 품에서 벗어나 자아自我에 눈뜨기 시작한다. 부모는 애들이 자신의 주장을 피력하는 게 반항이 아니라 독립하려는 본능의 표현이란 걸 인정해야 한다.

애들과 티격태격할 게 아니라 스스로 잘할 수 있도록 격려해주는 게 가장 좋은 훈육 방법이다. 사춘기라 해서 '부모에게 칭찬받을 만한 일을 하고 싶은 마음'이 사라지는 건 아니다. 애들의 행동 중에서 잘하고 있는 것은 칭찬해 주자.

"잘하는데.", "와~ 대단하다!"

\# 사춘기에 접어들었을 딸과 아빠가 길을 가다가 언덕길 초입에 다다랐다. 아빠는 늘 그랬듯이 딸이 쉬이 올라갈 수 있도록 뒤에서 딸의 엉덩이를 밀어주려 했다. 그런데 딸이 아빠의 손을 뿌리치며,
"아빠, 이젠 이런 거 싫단 말이야. 엉덩이 말고 그냥 손잡고 가면 안 돼?"
아빠는 아차 싶었다. '아, 딸이 다 컸구나. 나만 몰랐구나!' 몰아가는 방법 말고 같이 가는 방법이 있었다는 걸 어른만 몰랐다.

애들이 사춘기가 시작되면 부모도 절대적 보호자 자리에서 조금씩 내려올 준비를 해야 한다. 부모의 믿음과 칭찬은 미지의 길에 서 있는 애들에 자신감을 준다. 세상에 나가려는 애들 중 어느 누가 (부모의) 감시와 통제가 있는 길에 머물고 싶겠는가? 불에 굽지 않는 도자기는 아름답지도 단단하지도 않듯 부모는 사춘기 아이에 일방통행의 길을 내어줄 게 아니라, 다치고 쓰러져도 다시 일어날 수 있게 지팡이가 되어야 한다.

"제발 애들이 문[門]과 입을 닫지 않게 해주소서."란 기도문을 상상하기 싫다면 애들을 막 대했던 태도는 싹 지워라. 막 대하는 행위는 반드시 막되게 되돌아온다.

화났을 때 대화 스킬^{skill}

　남편은 미운 짓만 골라서 하고 아내의 잔소리는 늘어만 갈 때 결혼생활의 위기가 시작된다. 남편을 볼 때마다 "당신은 전혀 달라지지 않았어!"라고 말하는 아내의 불만도 이혼 전까진 크게 달라지지 않는다. 만약 위와 같다면 "우리 부부는 왜 대화가 안 되지?"라고 묻기 전에 부부 사이에 신뢰가 있는지부터 생각해 보라.

　상대를 왜 미워할까? 상대에게 인정받지 못하고 상대로 인한 마음의 상처가 남아 있기 때문일 것이다. 그러므로 화를 내는 배우자를 향해 "나를 미워하지 말고 나를 이해해 줘."하고 요구하기 전에 배우자의 마음속을 들여다보는 게 우선이다. 그런 후에야 진정한 대화가 가능하다.

당신을 대하는 배우자의 말이 계속 거칠다면 당신을 미워한다는 뜻이다. 당신 기준에서 판단하지 말고 배우자의 입장에서 어떤 잘못을 했는지 생각하라.[86] 미워한다는 것은 "널 싫어할 거야"처럼 당신을 회피하

려는 게 아니라 오히려 '나를 좀 도와줘', '내가 좀 힘들어'란 의미의 도움을 청하는 것일 수 있다. 그러므로 미워한다는 말이 사랑하지 않는다는 말과 동의어는 아님을 알고 다가가라.

밤 12시 무렵 남편이 좀 늦었다. 회식 후라 술 냄새가 났다. 요즘 빠듯해진 집안 사정과 술 마시고 늦게 들어오는 남편 때문에 부부 간의 다툼이 잦다. 최근엔 시댁 용돈 문제로 아내는 시어머니와 사이도 별로다. 남편이 씻으려 욕실에 가려는데 아내가 한소릴 한다.

"야! 내가 니 엄마와 멀어진 데는 니 책임이 커. 그나마 애들 믿고 사는데 지들도 다 컸다고 날 대놓고 무시하잖아. 자긴 날 좀 도와주면 안 돼? 그리고 내 얼굴은 보기나 했어? 이 ×××~"

그러고 보니 아내는 울었는지 눈이 충혈돼 있었다.

"지금 뭐라 했어? 뭐, 이 ×××? 내가 회사에 잘 보이려고 얼마나 노력하는지 알아? 내가 좋아서 술 마시냐구. 자기도 다 알면서 왜 그래? 들어오자 마자 소리지르고 욕이나 하고. 에이××!"

남편은 아내의 막말 때문에 무척 화가 났다. 부어있는 아내 얼굴을 뒤로 하고 밖으로 나와 버렸다.

아내가 시댁과 애들 문제로 많이 힘들었나 보다. 그렇다 해도 남편에게 화를 퍼붓기 전에 "여보, 나 힘들어"라고 먼저 말을 했어야 했다. 그 말에 남편이 관심을 보이면 그때 아내의 요구 사항을 말한다. 그렇지 않고 처음부터 막말을 한다면 남편을 밀어내는 꼴이다. 결국 화를 다 낸 후에 "나 힘들어" 해도 남편은 아내의 말에 귀기울이지 않을 뿐더러

들어줄 마음도 없게 된다.

만약 찌푸린 얼굴로, 격한 말투로 배우자에 다가간다면

'많이 힘들어 하구나. 내가 뭘 잘못했나 보다. 그래서 내가 잘 해야겠구나. 짠하고 불쌍하구나.'

이처럼 상대의 반성을 불러일으키는 게 아니라,

'또 잔소리가 시작되겠구나. 아, 저 얼굴 보기도 싫다. 또 괴롭히러 달려들겠구나.'

오히려 이렇게 당신의 불쾌한 감정을 그대로 배우자에게 이입시키는 꼴이 돼 버린다. 대화가 시작되기도 전에 화난 표정은 상대로 하여금 방어막을 치게 하고 입을 닫게 만든다. 전화를 받았는데 다짜고짜 화를 낸다면 같이 싸우거나 다음엔 그 전화를 피하게 된다는 걸 알고 있지 않나.

한창 사랑하는 사이라도 서로에게 불만이 없을 수 없다. 그러나 표현을 하지 않으면 모른다. 마찬가지로 같이 살고 있는 부부라도 말을 하지 않으면 알 수가 없다. 또한 불만을 묻어두고 있다가 훗날 사랑이 무뎌질 무렵, 그 참았던 화를 한꺼번에 폭발시킨다면 도리어 문제만 더 키우는 꼴이다. '아닌 밤중에 홍두깨'라고 배우자 입장에서는 자신이 더 참고 살았는데 '적반하장도 유분수지'하고 생각할 수 있다. '그동안 잘 살아왔는데 이제 와서 왜 이럴까?', '혹시 헤어지자는 의도로 말하는 건 아닌지? 내심 불안할 수도 있다. 오히려 "나는 뭐 다 좋아서 살고 있었는지 알아!"하고 배우자의 반발을 부르기도 한다.

일방적 화풀이는 상대의 기분만 상하게 하듯, '대화란 주고받을 때만이 성립'되는 것이다. 공격받는 측도 가능하면 상대방이 왜 나에게 화가 나 있는지를 먼저 경청한 후, 자신의 말을 풀어간다. 자신도 상대방에게 화가 났다면 "싫은 건 나도 어쩔 수 없어."라고, "이것 때문에 속상해."하고 차근차근 말한다. 그리고 먼저 불만을 꺼낸 쪽도 "앞으로 이렇게 해 주면 좋겠어.", "나만의 시간도 필요해."라고 완곡한 표현으로 부탁하는 게 좋다.

부부싸움은 결혼생활에서 피할 수 없다. 젊은 부부일수록 소위 주도권 다툼이 많기도 하고 어느 정도의 부부싸움은 누적된 갈등 완화에 도움이 될 때도 있다. 그러나 싸움이 잦으면 마음의 상처가 깊어져 결국 큰 싸움 끝에 헤어지기도 한다. 그러므로 싸움이 극단적으로 치닫기 전에 갈등을 잘 봉합하고 싸움 후에는 원만한 화해의 방법을 찾아야 할 것이다.

* 배우자의 잘잘못을 따지기 전에 배우자가 잘한 부분도 언급하자. 그런 후에도 '당신이 못해 줬기에 부족한 부분이 있더라'는 식의 불평보다는, "내가 힘들고 필요하니 도와줬으면 해."와 같은 말투로 바꿔 보자. 애들과 갈등이 있을 때도 적용되어야 할 대화법이다.

'소통이란 많이 말하는 게 아니라 조금이라도 들어주는 거고, 갈등의 해소는 이기는 게 아니라 타협이다'

배우자의 화를 풀어주는 확실한 답은 먼저 안아 주는 거다. 나에게 화난 배우자의 말을 들어주라는 거지, 자신이 무조건 잘못했다고 백기를 들라는 게 아니다. 오히려 상대의 잘못이 더 클 수도 있다. 누구 탓이냐 따져 경중을 가릴 게 아니라 감싸 안아 배우자의 화를 식혀주라는 뜻이다. 상대에게 져주는 게 아니라 배우자에게 먼저 다가서는 거다. 억울할 거 하나도 없다. 지는 거라 생각하니 사과하거나 먼저 내려놓기가 어려운 법이다. 내가 먼저 다가서면 상대의 화도 반쯤 풀린다. 그때 타협하기도 좋다.87

* 배우자의 잘못이 9할이더라도 무릎을 꿇리게 할 게 아니라 타협해야 한다. 그게 '가족의 화합'으로 가는 길이다.

토요일 오전 10시가 막 지날 무렵, 남편에게 아내의 전화가 걸려 왔다. 학원에서 아이가 안 왔다는 연락을 받았나 보다. 애가 평일엔 밤늦게까지 학원 숙제를 하느라 주말엔 몰아서 늦잠을 자곤 한다. 둘 다 맞벌이를 하는 부부이지만 남편 직장이 집 근처라 아내는 남편에게,

"여보. 애가 아직도 학원에 안 갔어. 내가 출근하기 전에 깨웠는데 그새 또 자고 있나봐. 전화해도 안 받는데 당신이 깨워서 학원에 보내줘."

남편은 애를 깨웠고 학원에 갈 것을 말하며 서둘러 직장으로 향했다. 한 1시간쯤 지나 다시 아내에게 전화가 왔다.

"당신, 뭐 했어? 애가 아직도 학원에 안 왔대. 도대체 당신이 할 줄 아는 게 뭐야. 애가 집을 나서는 것까지 보고 왔어야지. 당신 왜 그래? 빨리 가서 깨워!"

애가 다시 잤나 보다. 하지만 근무 중에 헐레벌떡 집에 갔다 온 남편으로선 억울했던지 아내의 한소리에 같이 화를 내고 말았다.

"뭐? 애는 분명히 일어났다구. 화장실에 씻으러 간 것까지 보고 왔는데 그게 왜 내 탓이야. 왜 나한테 소리 질러? 몰라. 당신이 알아서 해!"

아내가 아침부터 남편에게 짜증을 낸다.
"아니, 당신은 왜 아이에게 돈을 줬어? 요즘 애가 나와 한 약속을 지키지 않아 용돈을 안 준다 말이야. 나는 벌을 주는데 당신이 돈을 주면 어떡해. 왜 생각 없이 살아. 당신 때문에 내가 뭔 일을 못하겠어!"
남편도 흥분한다.
"그게 아니라.. 며칠 전 내가 차로 애 학원 보내줄 때 있잖아. 애가 꼭 사고 싶은 물건이 있다며 돈을 빌려달라고 하잖아. 집에 돈 있다구. 그리고 다는 아니지만 얼마는 이미 받았다구. 당신, 요즘 짜증이 느는 건 알고나 있어? 왜 다짜고짜 화를 내!"

두 경우 모두 아내는 남편에게 불평했지만 요지는 '난 아이를 잘 키우고 싶고 당신이 좀 도와줘.'이다. 이런 점에서 그동안 가정에 무심했던 남편을 향한 아내의 화는 일정 부분 정당하다. 비록 남편을 비난하는 말투였더라도 아내는 그 비난하는 시간보다 더 많은 시간을 애 때문에 속상했을 테다. 그리고 아내의 화난 상태를 인정하는 게 남편에게도 이롭다. 남편이 시시비비를 가리는 즉시 (남자가 그토록 싫어하는, 계획에도 없는) 다툼으로 번지기 때문이다.
"그래. 많이 속상하지? 당신 마음 이해해.", "그래. 알았어. 내가 좀 더 생각했어야 했어."

'곁가지로 빠지면 좋은 결론에 도달할 수 없다'

대화가 삼천포로 빠지지 않기 위해선 주제의 선정과 대화 방식의 틀이 정해져야 한다. 다른 문제 해결도 그렇지만 남녀 간의 갈등이 생겼을 때에도 한 주제에 올인해라. 특히나 옛날 잘못을 끄집어내거나 했던 말로 또 다시 공격하는 것은 싸움하자는 걸로 보인다. 상대가 그 전의 잘못된 행동에 개선이 부족하더라도 지나간 일에 다시 비난하는 것은 상대를 향해 도발하는 멍청한 짓이다.[88]

'화를 낼 때도, 무엇을 요구할 때도 속도 조절이 필요하다'

상대의 화가 가라앉거나 상대가 가까이 올 때까지, 자신의 감정을 조절하고 기다려야 한다. 도움이 필요할 때 도와주는 게 최고의 선물이듯 상대가 받아들일 준비가 됐을 때 조언을 하거나 다가가야 한다. 화를 냈는데 같이 화를 내거나 무작정 들어달라고만 하는 것은 애들의 행동이다. 상대에게 자신이 애로 비춰진다면 게임은 이미 끝난 게 아닌가.

* 상대의 거친 말투 하나하나에 의미를 둘 게 아니라 '아, 지금 화가 많이 났구나!', '지금 많이 힘들고 불안하구나!'라고 생각하자. 상대가 화났을 때 그의 말투가 중요한 게 아니다.[89]

너무나 화가 난 상태에선 아내 쪽이 더 이성rationality보단 감정unpleasant feeling을 앞세우곤 한다. 그 감정 때문에 부부싸움이 길어진다. 이럴 땐 남편은 그런 아내에 맞부딪히지 말고 화가 다 소비될 때까지 기다리는 게 현명하다. 아내가 화났을 때 하는 말들은 대개 남편을 비방하는 내용이다. 욕설이 들리고 야단을 맞더라도 '아, 화가 많이 났구나!'하고 받아들이는 게 낫다. 해묵은 감정이 조금이라도 걷혀야 그나마 지금의 상황이 내일 또 반복되는 걸 줄일 수 있다.

아내도 아무리 화가 나더라도 자신의 기분 상태는 가늠할 수 있다. '지금 기분이라면 남편에게 좋은 말을 할 수가 없겠어.'란 생각이 든다면 차라리 말을 하지 말고 자리를 뜨자. 좀 가라앉았다면 그때 대화를 시작하자. 또는 화가 머리끝까지 차오르기 전 심호흡을 해 본다. 이래도 감정이 조절되지 않는다면 그냥 "악~"하고 고함을 지르자. 한 번 발사된 큰 소리에 그 만큼 화의 크기도 줄어든다. 자신을 공격하는 험담이 아니기에 귀를 찢는 아내의 고성에도 남편은 오히려 미안한 마음이 들 것이다.

화가 풀려야 (문제를 해결할) 논리가 작동한다.

아이가 친구들과 놀다 들어왔다. 그런데 며칠 후 시험이 있나 보다. 집안일에 지친 엄마가 잠시 쉬겠다며 아빠에게 아이가 공부하는지 잘 보라고 한다.

아빠는 아이에게,

"엄마에게 잔소리 안 들으려면 공부 먼저 해. 그런 후에 너 하고 싶은 거 하구."

잠시 쉬었던 엄마가 거실로 나와 보니 아빠는 보이지 않고 아이는 자고 있다. 엄마는 아빠에게 전화해서,

"자기 언제 집을 나갔어? 당신은 왜, 그것 하나 감시를 못 해! 도대체 뭐 했어? 응? 내가 당신 때문에 못 살아!"

"왜 소릴 질러! 내내 집에 있다가 방금 나왔단 말이야. 중간에 애 공부 잘하나 확인도 계속 했고.. 아이× 진짜."

남편은 애가 피곤해서 잠을 자는 것까지 왜, 나한테 화풀이 하냐고 같이 화를 냈다.

남편의 올바른 응대 : 남편이 같이 화를 낸 이유는 아내의 큰소리를 말 그대로 해석했기 때문이다. "당신이 책임져! 당신 잘못이 커!"로 받아들였다. 즉 남편은 이 상황을 옳고 그름을 다투는 언쟁으로 인식했던 거다. 사실 아내는 '계속 놀다가 지쳐서 자고 있는 아이의 모습'에 크게 실망했던 거지, 남편과 시시비비를 따지고 싶었던 게 아니다. 지금 남편과 언쟁을 높였다지만 요지는 그것이다. 그렇다면 화가 나 있는 아내에게 맞대응을 할 게 아니라,

"응, 애가 그랬구나. 나도 잘 말했는데 내가 나와 있는 사이에 잠을 잤구나. 어떻게 하지?"

이런 남편의 반응에 아내는 화풀이를 거두고 다시 (엄마로 돌아가서) 애의 문제에 집중하게 될 것이다.

서로에게 독한 말만 퍼붓고 끝내려는 게 아니라면 밖으로 드러나는 감정emotion을 다스려야 한다. 대결의 언어로 비쳐진다면 싸우자는 것밖에 안 된다. 상대를 굴복시키려 하지 말고, 또한 상대를 완전히 이해해야 수긍할 수 있다는 강박관념도 버려라. 남녀의 본능이 다르고 이해관계가 다른데 완전한 동의는 없다. 특히나 다툼의 여지가 있을 땐 더욱 그러하다.

아마 많은 배우자들은 이렇게 말할 것이다.

"막무가내로 내 고집만 주장하지는 않아요."

그럼에도 상대는 못 받아들이고 갈등이 사라지지 않는 이유는 뭘까? 부부 갈등이 그때마다 모두 부부싸움으로 가는 건 아니다. 자신이 참아서 그래도 큰소리는 안 나고 넘겼다 생각하겠지만 배우자도 같은 생각일 테다. 이번에는 내가 참았으니 다음번엔 (서로) 못 참고 부부싸움이 일어나는 식이다.

자신은 배우자에 충분히 설명하고 설득도 해 봤다 하지만, 설득시키려는 태도는 자칫 상대에겐 강압으로 느껴진다는 것도 알아야 한다. 그러므로 '결론적으로 나의 의견이 옳다!'라는 주장으로 시간만 끌지 말고 차라리 상대가 스스로 선택할 수 있도록 기회를 주는 게 낫다.

배우자의 그릇된 혹은 과한 언행으로 지금 자신이 불편하다면 "(당신은) 무엇을 고쳐라!" 또는 "(당신에게) 불만이다."하고 말하는 것보다는,

"나 힘들어. 나 어떡하면 되지?"

"여보, 나 좀 도와줘."

이렇게 말머리에 '너'를 두고 말을 이어가지 말고, '나'를 앞에 두고 나의 상태를 말한다.[90] 상대가 선택할 수 없게끔 "당신은 뭘 해야 돼!"가 아니라, 나의 상태는 이러하니 "나는 어떡하면 좋을까?"로 배우자의 호응을 유도해야 한다.

"애들과 당신이랑 행복하게 살고 싶어. 그 뿐이야."

"당신이 같이 놀아주면 애들이 좋아할 거야."

"당신이 나 좀 챙겨주면 나도 행복할 것 같아."

이렇게 말머리에 당신이나 너로 시작하는 대화에서도 강요가 아니라 남편이 '자발적으로 참여할 수 있도록' 동기를 부여한다. 이때는 뒷말에 "좋을 거야." 또는 "고마워." 같은 긍정적인 말이 와야 한다.

* 최악의 대화법은 상대를 말머리에 두고 이어서 부정적인 말로 마무리하는 것이다.

"당신이 못 마땅하다.", "당신 잘못이 크다.", "왜, 당신만 이러나?"

이런 말투에서 다음 말투로 바꿔 보자.

"내가 힘들다.", "나는 어떻게 해야 하지?", "나를 좀 도와줘."

너를 말하는 것보다는 나를 말하는 것이다. 너를 말하는 것은 상대를 탓하는 말로 들리곤 하기 때문이다. 깎아내리는 말투가 아니라 상대를 인정하고 대화를 시작한다면 상대의 호응도는 커진다.

"넌 저번에 못해 줬으니 이번엔 꼭 해 줘.", "넌 저걸 못하니 이거라도 꼭 해야 해."

이렇게 바꿔 보자.

"난 이게 필요한데 당신이 도와주면 좋겠네. 저번엔 너무 힘들었어.", "내 생각에 당신이 이걸 잘할 것 같아."

\# '내가 어쩌자고 당신 같은 사람을 만나서 이런 고생을 하는지'

"이번 달도 가계부는 적자다. 지출은 늘어만 가는데 벌어오는 건 시원찮다. 남들은 저축도 한다는데 우린 저축은커녕 근처 놀이공원에 가 본지도 오래다." 휴일에 쉬고 있는 남편을 향해서 아내의 기관포 속사가 또 시작됐다.

이번에는 남편이 참지 않고 되받아친다.

"아, 그러니 누가 날 만나래? 당신은 내가 돈으로밖에 안 보이지? 정 못살겠으면 헤어지면 될 것 아냐!"

급기야 남편은 하지 않아야 할 말까지 하고 말았다. 노력하겠다는 답변 대신에 "헤어지자"는 남편의 말이 아내에겐 충격이었나 보다. 이어 반격할 생각도 못하고 아내의 눈엔 눈물이 고인다. 그리고

"뭐? 그래 좋아. 내가 니 아니면 못살 줄 알고? 당장 헤어져!"

남편의 수입이 형편없어도 남의 가정과 비교하는 것은 절대 금기다. 남편에게 있어선 지금 수입이 현실이고 나름 최선일 수 있다. 누가 일부로 돈을 안 벌고 싶겠는가? 수입뿐만 아니다. 아내가 남편의 행동거지 하나하나를 자꾸 남들과 비교하는 것은 남편의 자존심을 상하게 하는 짓이다. 남편의 입장에선 '당신은 지금 나를 건들었어!'란 생각밖에 안 든다. 아내는 이렇게 말을 건넸으면 어땠을까?

"자기 요즘 많이 힘들어? 예전과 달리 기운이 없는 것 같아. 내가 도와줄 건 없어?"

아내가 먼저 남편을 이해해 준 후, 현재 우리 가정의 형편이나 아내 자신의 속상한 점을 이야기 한다. 남편은 경청할 것이다.

아무리 화가 나더라도 어떻게 표현해야 상대가 자신의 요구를 받아

주겠는지, 나의 기분을 이해해 주겠는지, 상대가 좀 더 반성하겠는지 생각해 본다면 정답은 정해졌다. 정 아니다 싶으면 배우자에게 악담만 퍼붓는 것보단 차라리 벽을 보고 "악~"하고 소리를 질러라. 이게 천 번 만 번 낫다.[91] 남편이 화났을 때에도 해당되는 방식이다.

아내가 많이 아프다.
"여보, 의사가 그러는데 위염에는 식사 규칙적으로 하고 스트레스를 줄이래. 다행히 다른 검사에는 특별한 건 없대. 내가 봐도 당신 요즘 날카로워졌어. 좀 느긋하게 살면.."
"참 나, 기막혀서. 그걸 말이라고 하는 거야?"
아내가 남편의 말을 중간에 끊는다. 실은 큰 병은 아니지만 아내는 화가 많이 났다. 아픈 이유가 모두 남편 때문이라고 말한다. '내가 얼마나 힘들었는지'를 이번 기회에 다 쏟아붓는다.
"아무리 아파도 그렇지. 당신 너무 한 거 아니야. 나 지금 친구와 약속도 취소하고 당신 곁에 있잖아. 나 그냥 나갈까?"
"나가든 말든 마음대로 해. 언젠 안 나간 적 있어? 당신은 사람도 아니야!"

아내는 직접적인 병의 원인을 말 하는 게 아니라 그동안 남편의 관심 부족을 탓하고 있는 거다. 아내가 쉴 수 있도록 남편이 도와줬더라면, 아내의 힘든 상황에 남편이 눈길 한번 줬더라면, 아내 자신의 건강을 챙길 시간을 냈었더라면 하는 후회와 남편에 대한 서운함이다. 만약 아내의 이런 속상함을 이해하지 못하고 남편이 자기방어만 한다면 아내는 또다시 실망할 것이다.

  병의 원인 설명이나 향후 치료에 남편의 조언은 중요하지 않다. 그런 건 결국 의사의 처방이나 본인의 몫이다. 아내가 화난 그 순간만큼은 그냥 아내의 말을 경청한다.

  "그래. 그랬었구나. 알아어.", "그동안 내가 너무 무관심했지? 미안해."

  변명이나 반박으로 싸움을 만들지 말고 차라리 아내를 한번 안아 주자. 손 한번 잡고 아픈 데에 "호~"라도 해 보자.

* 상대와 갈등이 커질수록 해결책은 자신의 진심을 보여주는 것뿐이다. 울림이 없는 말은 전달되지 않는다. 울림 있는 말은 상대의 몸을 타고 마음속까지 전달된다. 단지 큰 소리로는 상대의 몸을 때리고 머릿속에 충격만 남긴다. 억누르거나 을러대는 것 역시 굴복시킬 수는 있어도 마음속에 다다르지 못하니 상대를 감동시킬 수는 없다. 또는 달콤하고 현란한 말솜씨로 상대를 속이거나 마음까지 움직일 수도 있다지만 진정성이 없다면 잠시뿐이다.

위기의 부부들, 해결책은?

  '이 사람이다' 싶어 평생토록 함께하자고 결혼하지 않았는가. 그러나 연애 때처럼 상대방에 대한 열정은 시간과 함께 희미해지기 마련이다. 항상 원만하고 좋은 관계만을 유지하는 부부들이 과연 몇이나 되겠는

가. 서로를 향한 기선 제압 시도는 배우자의 반발심만 키운다는 것 역시 알고 있다. 그럼 위기의 부부들에게 해결책은 과연 없는가? 답은 부부 관계 안에 있다.

첫째, 힘들수록 소통하자.

  솔직한 글은 신뢰가 간다. 글이란 말보단 한 번 더 생각하여 옮기니 덜 거칠다. 자신의 의지와 상관없이 배우자의 큰 소리에 무방비로 노출되는 것보다는 활자로 된 글을 스스로 보고 읽으니 배우자의 마음을 이해하기도 쉽다.[92]

둘째, 배우자에 대한 기대치를 낮추자.

  서로는 저마다 '어머니 식 사랑'이나 '아버지 표 배려'를 찾는다는 게 오랜 '관성의 법칙' 때문이라지만, 그 습성은 (새롭게 시작할) 당신들의 사랑을 마모시킨다. 당신 앞의 배우자는 베풀기만 했던 부모도 아닐뿐더러 당신의 욕심은 배우자를 구속시키는 짓이기에 그러한 타성은 분명 잘못이다. 가정 내 역할 분담은 배우자에 기대려는 욕구를 낮추게 한다.

셋째, 열등감에서 벗어나자.

  실제로 많은 부부들이 자신의 열등감을 배우자가 치료해 주길 원한다. 그러나 쉽지 않다는 것을 안다. 열등감은 일종의 콤플렉스인데 대부분은 일상생활에 지장이 없다. 단지 피해의식으로 잠재해 있을 뿐이다. 그러므로 열등감을 꼭 극복해야 할 필요는 없다고 본다. 대신 다른 장점이 있을 것이고 그 장점을 살리는 것이 더 효율적일 때가 많다.

넷째, 자신만의 취미를 갖자.

배우자에 대한 집착을 줄이고 본인의 열등감에서 해방되기 위해서도 취미생활 하나 정도는 있는 게 좋다. 나에게 맞는 것이 분명 있다. 즐기다 보면 시나브로 자신을 사랑하고 있는 모습을 발견할 것이다. 그 취미에 배우자가 관심을 보이면 같이 해 보는 것도 괜찮다.

다섯째, 다투더라도 한 가지로만.

대부분의 부부싸움은 말다툼에서 시작되고 말다툼 때문에 더 커진다. 괜히 시댁이나 친정을 끌어들여 감정의 골만 깊어진다. 배우자조차 그저 나의 삶의 일부일 뿐이고 해야 할 일은 많다.

여섯째, 듣는 연습을 하자.

배우자의 말을 잘 듣지 않고 중간에 끊는다면 그에게 다시 이야기하기가 머뭇거려질 것이다. 배우자의 말 속에서 잘못만을 끄집어 공격하는 건 최악이다. 싸울 때에도 상대 말을 경청하는 게 상대의 화를 가장 빠르게 가라앉히는 방법이다.

서로 사랑하기

'사랑은 가지려고만 하면, 뺏으려고만 하면 결국엔 멀어진다'

그렇다면 어떻게 해야 하는가? 결혼생활은 인생을 맡기는 것이 아니라 같이 맞춰가며 살아가는 것이다.

아내가 행복할 수 있는 전제 조건은 사랑하는 남편의 진솔한 마음이다. 아무리 큰 부부싸움이 일어났다 하더라도 남편이 먼저 손을 내밀거나 사과 한마디에도 진심이 느껴진다면 아내는 바로 안정을 찾을 수 있다.

"일단 당신이 한 달 동안은 아침 기상 때 꼭 포옹해 줘!"란 약속을 남편이 놓치더라도 화를 내기에 앞서 "이리 와 여보. 오늘은 내가 안아줄게." 하고 나서는 아내의 센스도 필요하다.

결혼 초나 부부 간에 갈등의 골이 깊을 때에는 배우자의 본능을 받아들이지 못할 것 같았는데도 어느덧 우리는 서로에게 적응되어 살고 있다.

TV를 보면서 칫솔질하지 말라고 나무랐던 자신이 이젠 배우자보다 더 칫솔을 물고 TV 앞에 서 있기도 한다. 이불에서 구린내가 난다고 남편을 몰아 댔던 아내가 어느 순간 식사 중에 방귀를 터트리는가 하면, 아내의 잔소리에 힘겨워하던 남편이 은퇴 후엔 그런 아내의 모습을 닮아간다. 그러므로 배우자 간의 사고나 본능의 차이 때문에 지금은 힘들어도 상대를 이해 못할 것도 없다.

'부부가 가정을 위해 메고 가야 할 짐은 사회나 물질이 아닌 배우자의 사랑이다'

지금 겪고 있는 고통의 대부분은 물질로 인한 피해보다 성숙하지 못한 정신적 사고로 생겨난 것이다.[93] 가정불화의 대부분 원인도 배우자의 실질적 잘못보다는 타오르는 사랑의 불씨가 약해져서 그 위를 덮은 재가 남긴 미움 때문이다.

비온 뒤에 땅이 굳어질지 또는 질퍽할지는 당신의 마음먹기에 달려 있다. 부부싸움이나 남녀 간의 갈등이 소나기처럼 왔다가 곧 끝난다면 오히려 서로 간의 신뢰는 굳어질 수 있지만, 여름철 장마처럼 서로를 지치게 만든다면 미워하는 마음만이 불어나는 법이다.

- 행복을 즐겨야 할 시간은 지금이다. 행복을 즐겨야 할 장소는 여기다.
/ 로버트 인젠솔

변화는 새로운 도전이기 때문에 어떤 이에게는 무척 어려울 수 있다. 그러므로 배우자에게 일방적인 변화를 강요하는 것은 그 자체로 보이지 않는 폭력이 될 수 있다.

'서로 다름'을 "너가 틀리다!"로 말하지 말라.[94] 미물의 행동도 다 이유가 있다. 하물며 상식적으로도 잘못된 행동을 하더라도 '그 만한 이유가 있겠지'라며 상대의 이야기를 들어주자. 상대가 지나치게 화를 내더라도 "지금 너의 화는 잘못이야."하고 말하기 전에 가라앉을 시간을 주자. 안정이 되면 그때 이야기 하면 된다.

아무리 인기가 있는 드라마나 재밌는 코미디프로그램이라도 선뜻 replay 시청하지는 않는다. 한편 비록 말뿐일지라도 새 정치를 외치는 정치인에는 이목이 쏠리고 신곡이나 개봉영화, 최신 상품은 유행 유무를 떠나서 우리들의 눈길을 끈다. 이렇듯 남녀 모두 새로움에 대한 호기심이 있다. 키를 놓친 난파선처럼 가정에 험난한 항해가 예상된다면 '이전과 다른 뜻밖의 것'으로 배우자의 이목을 잡아야 한다. 생각지도 못했던 감동이나 다시 찾은 매력이라면 상대는 거부하지 못하리. 일단 배우자가 자신을 쳐다보게 하자.

* 여성은 남성의 감동에 함락되고 남성은 여성의 매력에 무너진다.

배우자와의 식어 버린 관계를 되돌리기 위해선 마음가짐부터 달라져야 한다. 간섭보다는 신뢰가, 침묵이 아니라 관심이 상대의 점수를 얻으며 꼭 기념일이 아니어도 깜짝 선물은 항상 옳다. 더불어서 뜨거운 잠자리는 차가워진 사랑의 불씨를 되살려 놓기도 한다.

좋은 잠자리가 주는 행복감

좋은 잠자리를 갖기 위해선 우선 서로에 대한 심리적인 안정감이 필요하다. 현재 배우자에게 느끼고 있는 감정을 솔직하게 적은 편지 한 통이 해결의 출발점이 될 수 있다. 간단한 메모 형태도 괜찮다. 본인의 무관심했던 점이나 상대방에게 서운했던 점, 더 나아가 상대방에게 바라는 점과 본인이 개선할 점 등을 간단히 적어 둔다. 여러 번 나눠서 글을 쓰면 더 좋다. 서로의 긴장 해소에 도움이 될 것이다.

예상치 못한 꽃다발은 어떨까? 많은 돈을 들이지 않더라도 진심 어린 표현은 상대를 감동시킬 수 있다. 가끔은 로맨틱한 데이트도 시도해 보자. 분위기 있는 데이트는 첫 만남 때의 설레는 마음을 되찾는 데 도움이 된다.[95]

이렇듯 정서적으로 교감이 되어야, 즉 뭔가가 통해야 다시금 이성 opposite sex 으로 다가갈 수 있다. 그래도 좋은 잠자리를 위해선 아직 부족하다. 만약 마음은 있는데 몸이 잘 안 따라 준다면 잠자리 분위기를 바꿔 보자. 분위기 전환의 핵심은 전과 다른 새로움이다. 침대 조명은 좀 어두우면서도 무드 있는 빛으로, 침대보도 야한 색깔로 바꾸자. 여성에겐 속이 보일 듯한 나이트가운이나 레이스가 달린 핑크빛 실크 속옷은 어떨까? 여기에 감미로우면서도 약간은 템포가 빠른 음악을 배경으로 깔아 보자.

준비해야 할 것이 또 있다. 자극적이면서도 유혹적인 향기가 필요하다. 남자들은 해변이 연상되는 시원한 향수는 어떨까? 여자들은 달콤한 향이라면 OK다. 만약 불감증이 지속된다면 성감향상 젤리 같은 걸 의사의 처방 하에 일시적으로 사용해 볼 만하다.

오르가즘에 도달하기까지는 충분한 성적 자극이 필요함을 잊지 말라. 황홀한 성은 친절한 애무와 손길을 필요로 한다. 또한 적극적인 성적 반응은 상대방으로 하여금 자신의 사랑이 받아들여졌음에 희열을 느끼게 하고 잠자리에서 더욱더 힘을 발휘하게끔 하는 기폭제 역할을 할 것이다.

'좋은 잠자리는 열정으로 가는 길목이다'

남성의 경우, 좋은 잠자리는 사회생활의 소극적인 행동을 개선시키고 책임감을 가질 수 있도록 도와준다. 아내의 긍정적인 성적 반응은 남편에겐 자신이 인정받고 있다는 가장 좋은 선물이기 때문이다.

여성에게 있어 좋은 잠자리란, 부부 사이의 갈등을 줄여 주고 긍정적인 생각을 갖도록 한다. 남편의 뜻밖의 잠자리 서비스는 아내에겐 신분상승 같은 기분과 함께 깊은 사랑을 받고 있다는 느낌을 준다.

* 성감이란 것은 성적 느낌이다. 감각을 최대한 끌어올리려면 오감을 다 이용하자. 시각(붉은 컬러의 조명, 란제리), 청각(속삭임, 칭찬해주는 말), 후각(샤워 후 샴푸냄새, 향수), 촉각(깃털 등을 이용한 애무, 부드러운 손길), 미각(청결, 달콤한 것) 등등. 그저 그런 섹스가 아니라 야릇한 환경을 만드는 거다. 만약 남편이 자위행위를 자주 한다면 자제하는 게 좋은 잠자리를 위해서 좋다. 더 큰 자극만을 바라다보면 정작 중요한 부부 성관계가 원활하지 않을 수 있기 때문이다.

행복 리셋reset

'부부 갈등 해결의 시작은?'

  부부 갈등 → 부부싸움 → 배우자의 부정적인 측면 부각 → 부부 갈등
이러한 vicious cycle이 되지 않기 위해선 2단계의 조정이 필요하다.
1. 갈등을 부르는 일방적인 요구(배우자의 욕구를 억압하려는 짓은 공정하지 않다.)에서 서로 주고받는 상호주의식 거래로 전환해야 한다. 그런데 배우자의 어떤 행위에 가치價値를 매겨 그때마다 비교하기는 힘들므로 등가성等價性 거래인 상호주의는 언젠가 깨지기 마련이다.
2. 그러므로 궁극적으로는 가치가 달라도 이해하고 받아들일 수 있는 동반자partnership 관계 유지가 중요.

* 부부 갈등 → (이해 당사자에서 동반자 관계로) 원만한 해결 → 부부 행복

  서로의 차이를 (이로 인해서 손해를 본다 해도) 인정(또는 화를 안 내는 것)해 주는 것이 화해의 출발점이다. 작은 걸 고치려다 상대의 마음을 잃거나 헤어지는 우를 범하지 말라.

'똥을 참으면 변비가 생긴다'

  "고마워", "사랑해"하고 말하는 게 쑥스러울 수 있다. 그동안 안 하던 말을 입 밖으로 선뜻 꺼내기는 당연히 거북하다. 의무적으로 매일 하

라는 게 아니다. 오래가지 못할 뿐 아니라 부담만 될 뿐이다. 그런데 자신의 마음을 보여줄 타이밍은 분명 있고 그때는 망설임 없이 표현하라는 것이다.

똥을 보고 싶다는 신호를 무시하고 참아버리면 진짜 변을 봐야 할 땐 힘들어지고 결국 변비가 생긴다. 오줌을 참는 횟수가 잦을수록 방광은 몸에 복수를 꿈꾼다. 소변보기가 불편해지거나 방광염으로 고생을 한다. 시도 때도 없이 볼일을 보라는 게 아니다. 봐야 할 때를 놓치지 말자는 거다.

'맞장구를 쳐야 할 때, 쳐 주는 게 변화의 시작이다'
대화 중 맞장구만큼 상대의 기분을 좋게 해 주는 것도 없다. 말뿐만이 아니라 반응하는 손짓, 표정으로도 상대를 기분 좋게 할 수 있다. 그런데 맞장구를 칠 일이 없다면 어떻게 하나? 고개를 끄덕이진 못해도 상대의 말을 경청할 수는 있다.

15도로 고개를 기웃하거나 몸을 조금 내밀면서 "음. 그래?" 같은 추임새는 어떤가? 호응은 아니더라도 상대의 기는 살린다. 이것도 힘든가? 그렇다면 상대의 말을 끊거나 거부 의사를 표하기 전에 조금은 밝은 얼굴로,

"미안한데 어쩌지?", "저기, 다음에 하면 안 될까?"

최소한 비꼬는 말투는 아니어야 한다.

* 아침에 일어나서 포옹하고, 집을 나서기 전 사랑한다고 말하는 게 멋쩍어도 솔직히 어려운 것은 아니다. 전화 통화가 어색하다면 카톡이

나 메시지 주고받기부터 시작하자. 첫 메시지에 반응이 없더라도 몇 번 하다 보면 대개는 배우자도 관심을 보인다. 하기도 쉽고 의외의 성과가 기다릴 것이다.

 화난 얼굴로 나타나야 배우자가 두근거릴까? 웃는 얼굴로 다가가야 배우자가 두근거릴까? 해마다 오는 첫눈이지만 늘 설레듯, 다시 보는 배우자의 환한 웃음에 첫 만남의 설렘도 다시 꿈틀거리지 않을까. 나그네의 옷을 벗기기 위해선 거센 바람이 아니라 따뜻한 태양빛이다. 오히려 바람이 세찰수록 나그네는 더욱더 옷을 부여잡는 법이다.
 상대의 마음이 따뜻해지면 상대도 당신에게 차갑게 대하는 걸 주저하게 된다. 앞으론 좋은 말도 듣게 될 것이고 긴장 상태는 줄어들 것이다.

 남편의 관심을 받고 싶다는 아내, 열 마디보다 한마디가 효과적일 수 있다.
 "여보, 한 번만 안아 줘."
 그 짧은 순간에 행복의 싹수가 꿈틀거린다.
 존중받기를 원한다는 남편, 가까이 다가가야 아내의 마음을 움직일 수 있다.
 "여보, 내가 뭐 도와줄 거 없어?"
 아, 이 얼마나 기다렸던 멜로디인가!
 아내가 가장 듣고 싶은 말은 "사랑해."이고 가장 힘이 되는 말은 "당신, 고생했어."이다. 한편 남편에게는 어떠한 말보다는 믿어주는 아내가 최고의 힘이 된다. '나를 얼마나 신뢰했으면 안아 달라고 하겠나?' 덤으로 아내의 이런 깜찍한 용기는 남편으로 하여금 그동안 아내에게 못 해 줬던 걸 생각나게 할 것이다.

'부부싸움을 줄이는 방법은?'
"우리 부부는 안 돼!"하고 말하기 전에 노력은 해봤는지 되묻고 싶다. 여기서 노력이란 배우자를 포용하려는 시도를 말한다. 노력했다고 말하는 부부들도 실제론 서로를 밀쳐냈던 경우가 태반이다. 당신의 말 한마디에 배우자는 튕겨나가기도 하고 끌려오기도 한다.

남편의 본성은 '집은 휴식의 공간' 즉 편안한 곳이었으면 하는 바람이지만 가정의 행복을 위해선 '집에서도 남편의 참여가 필수'란 아내의 본성 때문에, 누차 말하지만 가정이란? 부부 간에 하나를 주고 하나를 얻어야 하는 협상의 공간이다.[96]

개인 여행업에 뛰어든 지 수 해째. 부부는 밤늦게까지 열심히 일을 했다. 몇 년 동안 그렇게 바쁘게 살았고 이젠 자리를 잡아서 안정적인 생활을 하고 있으며 겉으로는 부부 사이도 특별히 나쁘지 않아 보였다. 평소 글쓰기에 재주가 있던 남편은 책을 낸다며 요즘 틈틈이 글을 쓰고 있다.

아내가 남편이 있는 방문을 열면서,
A "여보, 우리 지금 퇴근하자. 빨리 정리해."
남편은 못마땅한 듯 언성이 높아진다.
B "뭐, 벌써 가? 퇴근하려면 한 시간이나 넘게 남았잖아. 그리고 나 글

쓰는 거 안 보여?"

"글은 나중에 써도 되잖아. 일찍 가서 애들이랑 저녁 먹자는데 당신 너무한 거 아니야?"

"그런 뜻 아닌지 자기도 알잖아. 아무 말도 없이 갑자기 빨리 가자고 하니.."

"방학이라 애들이 점심도 제대로 못 먹어. 오늘은 직원에게 맡기고 빨리 가자구!"

남편도 쉽게 물러서지 않는다.

"그러면 미리 말해 줬어야지. 지금 집중도 잘되는데.. 내가 언제 나를 위해서 시간을 마음껏 쓴 적이라도 있었어? 도대체 왜 그래? 시간 쪼개서 글 쓴다는데."

그냥 오늘은 좀 빨리 가자는 것뿐인데 의외의 남편 저항에 아내는 불쾌해지기 시작했다.

"당신은 결혼과는 안 맞아. 혼자 살았어야 했어. 돈만 벌어오면 다인 줄 알지? 책도 자기만족이잖아!"

"뭔, 자기만족? 여행 관련 책이잖아. 매출에도 도움이 될 거고. 그리고.."

아내는 문을 꽝 닫으면서,

"마음대로 해!"

결국 화가 난 아내는 혼자서 택시 타고 집에 갔다. 남편도 기분이 좋을 리는 없을 터, 더이상 글이 써지지가 않았다.

부부가 싸우지 않을 최소 2번의 기회가 있었다. 남편이 한창 글 쓰고

있는 걸 알았던 아내는 A처럼 말하는 대신,

"여보, 글은 잘 써져? 근데 말이야. 요즘 애들이 점심을 대충 먹는데 오늘은 일찍 가서 맛있는 거 좀 해 주고 싶어."

남편은 B같이 뾰로통하게 대꾸할 게 아니라 아내의 의중을 알았으니,

"그렇지? 애들이 방학이라 밥이 부실했을 거야. 당신도 일 때문에 못 챙겨주고. 근데 어쩌지? 지금 쓰고 있는 거 마무리 좀 했으면 하는데."

* 협상 방식 :
  ㄱ. (A+B)/2
  ㄴ. A와 B 중에 하나를 먼저, 하나는 다음 기회에
  ㄷ. A나 B 중 하나 또는 모두가 아니라면 다른 걸로 대체

사람과의 충돌은 대부분 A나 B와 같은 서로 다른 욕구나 의견의 차이 때문에 발생한다. 협상을 하려면 ㄱ이나 ㄴ방식 중에서 골라 해결한다. 한쪽이 상식에 반한 경우 또는 해결해야 할 문제의 경우라면 ㄷ의 방식을 쓰면 되겠다.

남편의 회식 자리가 밤늦게까지 길어진다면 (서로 휴대폰만 붙잡고 시간 낭비하지 말고) 남편과 아내가 생각하는 귀가 시간의 중간 지점에서 합의를 보고(ㄱ방식), 먹고 싶은 음식이나 보고 싶은 영화, 또는 가고 싶은 휴양지가 다르다면 (모처럼 데이트하고 기분 좋게 휴가 계획을 짜는데 다투지 말고) 번갈아가면서 하면 될 테다.(ㄴ방식)

남편의 흡연이나 음주로 인해서 부부가 티격태격한다면 (어차피 쉽게 결론이 나지 않을 거 얼굴 붉히지 말고) 줄이든지(ㄱ방식), 금연이나

절주를 다른 보상안과 예를 들어, 남편의 자유 시간 연장 같은 걸로 거래deal하는 방안이 있겠다.(ㄷ방식)

도박이나 게임, 쇼핑중독 때문에 집안에 큰 문제라면 (배우자를 원망했던 그 시간의 조금만이라도 배우자에게 관심을 보여주어) 다른 취미 생활 같은 걸로 유도한다.(ㄷ방식)

위의 부부 경우에는 ㄱ방식처럼 (A+B)/2, 즉 30여 분쯤 있다가 집에 갔으면 좋았을 법했다. 수학 공식을 다 이해하고서야 적용하는 경우는 매우 드물다. 오히려 공식은 그냥 외우고 문제를 풀어갈 때가 많다. 갈등이 생겼을 때 특히 부부 사이의 문제에 있어선 세 가지 협상 방식 중에서 선택하여 해결을 시도하면 어떨까? 오히려 쉽게 생각해야 풀리는 것들도 많다.

'서핑surfing을 제대로 즐기려면 보드는 파도 속이 아니라 파도 표면을 타야 한다'

어렵게 생각할 것 없이 흐름에 따르는 게 자신에게도 이롭다. 시비가 붙은 앞차들 때문에 교통의 흐름이 망가지듯, 배우자 간의 대책 없는 충돌의 파편은 곧 뒤따를 시간을 오염시킬 것이고 먹고 숨쉬어야 할 것들을 부식시킨다.

그래서 결론은,

'한쪽의 목소리가 커질 땐 다른 쪽은 낮춰 주는 게 지혜롭다.'

그리고 말하자. 다음번엔 내가 양보 받을 차례라고.

- 사랑하라. 인생에 있어서 좋은 것은 그것뿐이다. / G.상드

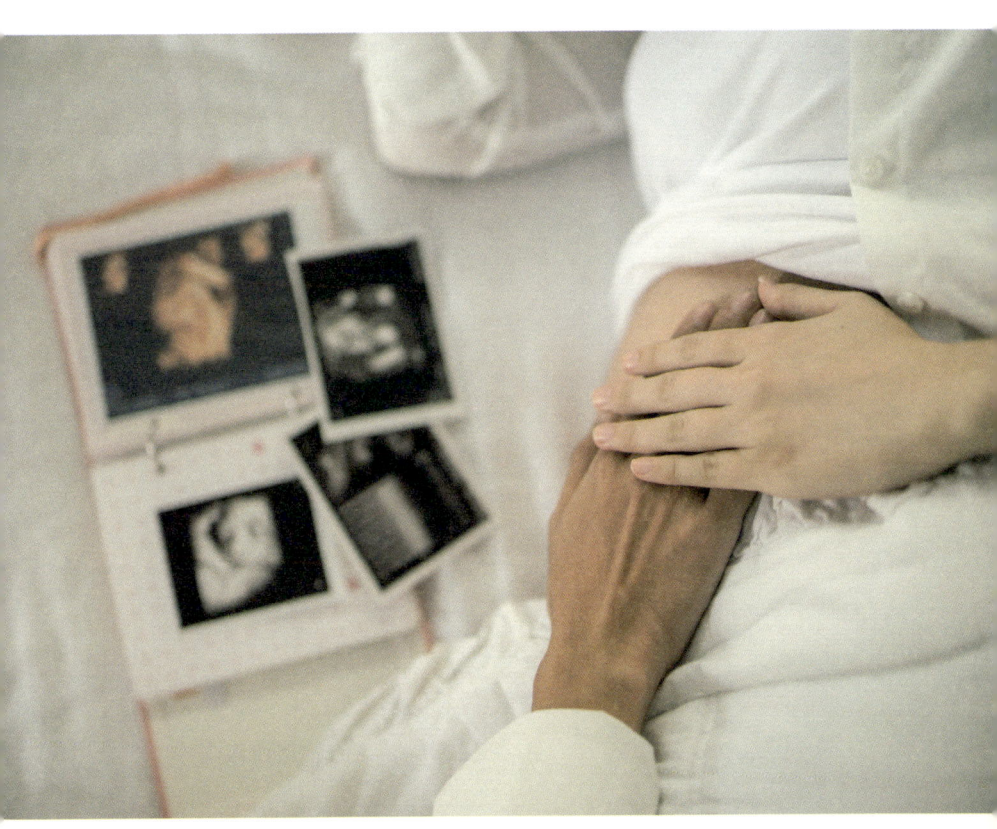

제2장 서로 사랑하기

헤어지려는 부부에게

　남편이 아내의 집안일을 덜어주고 애들과 함께하는 시간이 길어져도 '아내가 남편에게 의존하려는 본능은 한정돼 있지 않기에' 다른 곳에서, 또는 다른 방식으로 아내의 요구는 계속된다는 게 현실이다. 만약 당신의 노력에도 불구하고 아내의 잔소리가 여전하다면 당신은 그동안 가족을 위했던 노력의 방향을 바꿔야 할 지 모른다. 당신은 달라졌다고 하지만 이제 가사家事만을 조금 도와줬을 뿐이고 아내를 대하는 당신의 방임은 여전하며, 아내는 여전히 외롭다는 걸 뜻할 수도 있다.
　아내가 남편의 일을 이해해 주고 도와줘도 '휴식을 원하는 남편의 본능은 사라지는 것이 아니기 때문에' 부부 사이 갈등은 잠재한다. 아직도 식사 후에 바로 등을 돌리는 남편이라면 여전히 혼자만의 시간이 부족하다는 남편의 반항일 수 있다. 당신이 남편을 위해 한다고는 했어도 한편으로는 남편을 통제했던 건 아닌지 되돌아볼 필요가 있다.

　"내가 집안일을 도와줬는데도 또 잔소리냐?"

"내가 많이 봐주고 있는데도 또 어딜 나가?"

'도와줘도 똑같다?' 그렇다면 앞으론 노력하지 않고 중단해야 할까? 아니다. 가정의 행복을 포기할 게 아니라면 여전히 서로를 인정하고 도와주는 게 정답이다. 단 조그만 생색으로 큰 걸 바라는 욕심만은 접어 둬야 한다. 기대가 크면 실망도 큰 법이다. 그나마 당신의 도움이 없었다면 배우자는 더 화내고 당신은 더 괴로웠을 거다.

부부 서로가 잘해 보려는 의식적인 노력에도 불구하고 자신이나 배우자의 서로 다른 본능은 그대로이기에 가정의 영원한 평화는 실체가 아닌 염원heart's desire으로만 남은 지 오래다. 아직도 많은 부부들은 서로의 욕구를 인정하지 않고 가정은 사뭇 전쟁터이기도 하다. 이들도 서로는 평화를 바라고 있으나 배우자의 희생을 요구하는 자신의 본능 때문에 완전한 화합을 뜻하는 종전은 아득하다.

자신들의 양보에도 불구하고, 아내의 간섭은 멈추지 않고 남편은 여전히 부족하다고 말한다. 배우자의 불만을 들어주고 나름 맞춰 줘도 배우자의 욕심 또한 끝이 없음을 안다. 그래서 결론은, 부부 화합을 위해서는 종전이 목표가 아닌 '휴전을 전제로 한 협상'을 해야 하는 것이다.

- 어제는 어젯밤에 끝났다. 오늘은 새로운 시작이다. 잊는 기술을 배워라.
그리고 앞으로 나아가라. / 노만 V. 필

내가 나에게 〈남편〉

이제 사랑했던 그대와 헤어지려 합니다. 쉬는 날엔 하고 싶었던 취미 생활을 하루 종일 할 수 있고 좋아하는 술도 새벽까지 마음껏 마실 수 있으니 이 얼마나 좋습니까?

'약간은 시어 버린 김치지만 찌개로 변신시키고 마트에서 산 김과 후딱 해놓은 계란후라이를 올려놓고 보니 진수성찬 아니겠소. 솔직히 마음 편한 거 하나면 족하오.'
'집안으로 들어가기 전에 담배를 피우고 옷을 털지 않아도, 스마트폰을 붙잡고 화장실에 30분씩 있어도, "그렇게 살지 마!"하고 잔소리하는 그대가 없으니 나는 자유인으로 다시 태어난 기분이오.'

그대의 눈치를 볼 필요도 없고 싫은 소릴 들을 일도 없으니 난 앞으로 얼마나 행복할까요?
"그래. 마음껏 즐겨보자. 술 마신 다음날에도 늦지 않게 출근하고 나 혼자서도 밥 굶지 않고 잘할 수 있다는 걸 보여주자."

그런데 아니요. 다시 생각해 보니 그게 아닐 것 같소. 벌써 눈물이 나오.

'그대가 옆에 없지만 우리 애들은 연필심을 잘 깎을 거야. 손맛이 매운 첫째 애는 씩씩하게 실내화도 잘 빨고 책상 정리도 잘하겠지. 아직

어린 둘째는 그대가 재워주지 않아도 잠도 잘 잘 거구. 그런데.. 불안한 이 마음은 뭐지?'

'이젠 애들은 아침마다 옷이며 준비물이며 직접 챙겨야 하잖아. 애들은 내 말을 잘 들을까? 애 학교에서 전화가 오면 어떻게 하지? 올해 학예회와 운동회는 언제더라? 첫째는 방과 후 특별활동 신청을 한다는데 이걸 선생님께 말을 해야 되나? 아니면 인터넷에 들어가서 직접 신청을 해야 하나?'

'앞으론 내가 직접 샴푸와 클렌저도 사와야겠지. 목욕 후 바를 로션이나 수건 챙기는 것도 잊지 말아야 하고 셔츠나 양말, 추울 때 입을 내복은 몇 번째 서랍에 넣을까? 방 청소는 얼마나 자주 하게 될까? 그대가 없으니 발에 밟히는 휴지나 더러워진 바닥 역시 내가 치우고 쓸어야 되겠지. 근데 말이야. 볼일 본 후 휴지가 떨어진 걸 알았다면 누구에게 도움을 청하지?'

내가 그토록 듣기 싫었던 그대의 잔소리가 실은 나를 향한 그대의 관심이었다는 걸, 그때쯤엔 조금이나마 알게 될까? 그대가 있음에 내가 그래도 숨을 쉴 수가 있었다는 걸..

내가 나에게 〈아내〉

이제 나 자신만을 위해 살아 보려 해요. 보고 싶은 드라마를 원 없이 보고, 음악을 들으며 차 한잔 마시면서 나만의 시간을 갖고 싶습니다.

헤어지고 나면 숨도 쉬어지고 기력도 회복되겠지요. 이젠 희망만을 바라보며 나도 내 꿈에 도전해 보렵니다.

'쉬는 날엔 마음껏 늦잠이란 걸 자 보고 싶어요. 그리고 누군 다이어트도 한다는데 이참에 몸매 한번 만들어 볼까요? 예전의 밥맛은 아니지만 음식도 오롯이 나를 위해서만 만드니 없던 자아가 보이는 거 같아요.'

'귀찮으면 청소든 빨래든, 밀린 숙제하듯 모아서 후다닥 할 거예요. 대신 잊고 지냈던 친구와 만나서 옛 추억을 더듬고 싶구요. 수다떨고 술 마시다 새벽 두 시에 들어가도 괜찮겠지요? 하루에 열두 번씩 친정에 전화를 해도 "시댁에나 그렇게 해!" 하면서 핀잔줄 사람도 없고 당신 품을 떠나니 이 얼마나 기분이 좋나요?'

"그래, 나도 내 인생을 살자. 결혼 전엔 한 인물 했던 나인데.. 혼자서도 당당하다는 걸, 자신 있게 잘살 수 있다는 걸 친정 엄마에게 꼭 보여 줘야지."

그런데 그게 아니에요. 아닐 것 같아요. 떨어진 후를 생각하니 당신이 보고 싶을 것 같아요.

'내가 애들을 야단칠 때 그래도 당신은 아빠라고 애들 편이 되어 주곤 했는데. 만약 아빠 없는 애들이라고 왕따라도 당하면 어떡하지? 학원은 줄여야 하나? 그래도 난, 슈퍼파워 아줌마였잖아. 내가 우리 애들

하나 건사 못할까 봐?'

 '아는 언니가 자기 신랑 험담을 하고 바람난 남편 때문에 옆집 아줌마가 이혼했을 때에도, 그래도 내 곁엔 당신이 있다고 속으로 안도했었는데.. 앞으론 친구를 만나도 위축될 것 같아 벌써 우울해지려 하네.'

 '어제부터 세탁기에 연결된 호스에서 물이 새네. 차라리 세탁기가 고장났다면 A/S를 부르면 될 텐데, 이건 마트에서 호스를 사야 되나? 아니, 철물점에 가서 아저씨에게 물어봐야 하나? 뭐, 한 방울씩 떨어지는데 조금 더 있다 가도 되겠지? 애들 방에 책상 형광등이 깜박이는데 이걸 들고 가서 똑같은 걸로 달라고 하면 될까? 이젠 주차하는 것도 내가 해야 되는데 이게 이렇게 어려울 줄은 몰랐네. 지하 주차장은 답답하고 무서운데..'

 내가 그토록 싫어했던 당신, 그대의 빈자리가 왜 자꾸 생각나는 걸까? 막상 헤어진 후에야 알게 될까? 그대가 있음에 내가 그래도 의지가 됐었다는 걸..

* *결혼생활이 힘들 때는 옛 기억을 더듬어라. 예전엔 소중한 사람이었다는 걸 기억할 수만 있다면 지금의 실망은 잠시뿐이라는 걸 알 수 있다. 헤어지기 직전까지 서로에 대해 미련이 없는 부부는 없다. 당신의 배우자도 마찬가지다.[97]*

 — 사랑하고 나서 그 악을 알고, 미워하고 나서 그 착함을 안다. / 예기

제2장 헤어지려는 부부에게

왜 사랑하고 헤어질까

행복한 가정을 위하여

남녀는 서로 다른 이유로 연인이나 배우자를 맞이한다. 여성에 접근하는 남성의 본능 속에는 성(性)적 소유에 대한 갈망이 있고, 여성이 결국 한 남성을 선택한 시점이라면 이미 물질적 또는 정신적으로 의지하고 있는 상황일 테다.

그런데 남성들은 결혼함으로써 여성에 대한 성(性)적 소유는 실현이 되므로, 역설적으로 (결혼 전 다짐에도 불구하고) 가정에 헌신할 의지가 줄어들게 된다. 반면에 자신과 가족의 행복이 최대 목표인 여성들은 결혼 후 남편의 희생을 더 요구한다는 점에서, 결혼이란 남녀 갈등의 본격적인 출발점이다.[98] 영원히 해결할 수 없는 '남녀 본능의 차이라는 시스템의 문제'이기 때문이다.

수백만 년 동안 이어져 내려온 하드웨어 본체를 여러분의 희망만으로는 고칠 수가 없다. 그래서 어떻게 하면 가정에서 서로 화합할 수 있을지 그런 프로세스를 개발하고 운영하는 게 배우자와의 갈등을 치유할 수 있는 열쇠다.

'아내는 상대적 약자이기에 상처도 쉽게 입고 남편의 무시에는 마음도 급해진다'

강자는 약자의 서글픔을 잘 모른다. 아내는 자신이 힘들수록 남편이 감싸줬으면 하는 마음인데, 아니 조금이라도 좋으니 안아 주기라도 했으면 그저 그걸 원하는 건데 남편은 오히려 뒷걸음치는 경우가 많다. 이런 점에서 보자면 결혼 생활의 파탄은 강자인 남편의 책임이 더 크다.

지금도 당신의 아내는 다른 사람이 아닌 바로 당신을 바라보며 살고 있다는 것을 알아야 한다. 결혼 준비부터 해서 이사나 집 장만, 저축, 출산, 자식교육 등이 쉬운 일이 아니다. 아내들은 남편의 건강까지 책임진다. 이렇게 고마운 도우미가 어디 있는가?

당신이 아내를 미워한다면 아내도 당신에 대한 감정이 좋을 리가 없을 테다. 그럼에도 아내는 당신에게 다가간다. 헤어지기 전까지. 비록 잔소리로 비쳐지고 당신이 기분 상한 티를 내도 아내는 당신에게 손을 내민다. 바꿔서 생각해 보면 답은 나온다. 당신이 미워하는 사람에게 손을 뻗칠 수 있나? 아니, 말을 건넨다는 게 쉽나? 자존심을 죽이고 아내는 그 어려운 걸 해내고 있는 거다.

한편 남편에 대한 '아내의 미움이 커진다는 건' 그만큼 남편의 도움도 절실하다는 우회 신호이기도 하다. 역주행하는 남편에게 보내는 '자신의 경적 소리를 듣고 다시 오라는 경고'다. 그런데 아내의 잔소리가 늘고 목소리 톤이 높아진다면 남편은 그만큼의 거리를 두게 된다는 것도 알아야 한다.

부부 관계를 잘 유지하려면 아내의 노력도 중요하다. 가정의 평화를 위해선 남편이 져 줘야 한다는 말은 반은 맞고 반은 틀리다. 인류학적으로 보면 가정이라는 울타리는 여자들의 필요에 의해 생겨났기에 (울타리 밖을 쳐다보는) 남편의 참여만을 기다리며 원망만 할 게 아니라 아내도 남편에 대한 이해가 필요하다. '남편이 자신의 욕망과 가정 사이에서 힘겨워 할 수도 있겠구나'라고 말이다.

죽을 때 후회하는 몇 가지가 있다고 한다. 그 중에 "그렇게 열심히 일할 필요가 없었다."는 것과 "가족이나 친구들과 좀더 많은 시간을 보냈어야 했다."가 눈에 띈다. 손에 쥐고 있기에 소홀해도 되는 게 아니라 손에 쥐고 있는 것부터, 잃고 난 후에 후회하지 말고 잘 챙기는 게 현명하지 않을까.

상대를 존경 못해도 상대의 존재는 인정할 수 있다. 억지로 받아들이고 존중해 주라는 게 아니다. 무시하거나 약점으로 공격하지 말자는 거다. '배우자를 인정하고 그 바탕 위에서 "밀당"하는 게 결혼생활'이다.

여성들은 약자 콤플렉스란 마음속 깊은 두려움이 있으며 스트레스에도 취약하다. 그런데 'Lady first'의 첫 주자로 아내를 지목할 신사는 옆집 청년이나 백만장자가 아닌 곁의 남편이여야 한다. 이게 아내의 진심이다. 자유로운 영혼, 남성이 결국 가정 안에 들어오긴 했으나 'Boys, be ambitious'는 아직도 남성들의 가장 큰 본능이다. 아내는 남편을 미워할 게 아니라 타협하는 게 이득이다.

한번 마음이 떠나버린 상대를 되돌리려면 많은 노력이 필요하다. 실제로 부부 관계 개선을 위해 자신이 노력한다고 해도 상대의 미지근한 반응에 지쳐버릴 확률이 더 크다. 그래서 끈기가 필요하다. 스스로 최면을 걸어본다. 예전의 좋았던 걸 생각하고 즐거웠던 한때를 떠올리자. 자신이 상대에 못해 줬던 걸 반성하고 상대가 나를 사랑했던 기억을 더듬어 보자. 지금은 오래되어 어렴풋하지만 배우자와 따뜻했던 추억들을 일깨우자.

*자신은 싫은 소리 하나도 마다하면서 상대에겐 늘어놓는다는 것은 염치없는 짓이다. 지금 나는 내가 사랑했던 사람과 살고 있고 배우자의 반응은 나의 행동에 따른 결과물이다.

무엇보다도 중요한 것은 '자신을 사랑'하는 거다

고민만 하다 살기엔 한 번뿐인 인생, 너무나 짧고 귀하나 완벽하게 세팅해서 살아가는 사람은 없다. 거의 불가능하기도 하지만 역사적 위인으로 남을 게 아니라면 자기 자신에게 엄격할 이유도 없다. 아마도 '이 세상에서 가장 어려운 것은 자기 자신을 사랑하는 일'이지 싶다. 기쁨도 전파되지만 자신을 괴롭히는 짓도 가족 모두를 불행하게 한다.

한편 하루하루를 즐겁게 산다면 그게 다른 식구에게 긍정적인 영향을 끼친다. 상대에게 투정하고 지적할 시간에 책을 읽어 마음의 양식으로 삼자.

고통이나 불행은 집착에서 온다는 말이 있다. 바꿔 해석하면 집착하지 않으면 마음이 아프지 않고 행복해진다는 의미다. 습관적인 의심은 두려운 마음 때문이다. 그런데 그 두려움을 이겨내려 무리하는 것보단 차라리 인정해 버리는 게 나을 수 있다. 만약 두려움을 받아들인다면 고민에 허비되는 시간이 줄어들므로 오히려 활동범위가 넓어질 것이다. 당신이 풍요로운 삶을 원한다면 무엇보다 경험을 많이 하여 유연해질 필요가 있다. 어느 정도의 두려움은 자기 방어와 발전에 도움을 준다는 걸 기쁘게 받아들이자.

사회적으로 크게 성공하거나 장수하는 사람들은 공통적으로 유머가 많다고 한다. 적극적으로 사람들과 교제하는 사람은 다양성을 알기에 편협하지 않고 생각하는 폭이 넓다. 반대로 좁은 틀에 갇혀서 외골수인 사람은 다른 존재에 대한 이해심이 부족하다. 얼굴도 스마일일 리가 없다. 그러니 타인들이 가까이하기엔 먼 당신이다.

자신이 계속 어느 한 생각, 어느 한 행동에만 집착했을 때 남들이 봐도 너무하다 싶으면 그것은 자신의 생각, 자신의 행동이 과한 것이다. 자신의 의견이 옳다고 백번 생각해도 남들과 갈등만을 일으킨다면 최소한 표현 방식은 바꿔야 한다.

- 배고픔보다는 과식이 인간에게 해를 끼치는 것과 마찬가지로 지나친 사랑 역시 인간에게 해롭다. / 잔 홀 리히터

대부분의 슬픔이나 분노, 좌절 등은 본인이 그렇게 생각하고 가공한 유령 같은 것들이다. 당신은 그 유령을 머무르게도, 사라지게도 할 수

있다. 답은 마음속에서 찾아야 한다.

'신God도 결코 바라지 않을, 언제 끝날지도 모를 불행을 우리 인간이 계속 안고 가야 할까?'

지금 힘들다고 괴로워하기만 한다면 앞날도 그르친다. 이제는 지금보다 나은 미래를 위해 해결책을 제시해야 한다.

규칙적인 운동과 충분한 수면은 생활에 활력이다. 좋은 면만을 바라보고 생각하는 것은 참 어렵지만 본인의 긍정적인 생활 방식은 우울증이 발붙이지 못하게 할 것이다. 스트레스도 꼭 그 자리에서 해결하려 하지 말고 시간에 맡겨 버리는 게 나을 때가 많다. 자기감정을 소중히 생각하는 사람은 상대방의 감정도 상하게 하지 않는다.

정신분석학의 창시자인 프로이트는 말한다.
"우울증은 자신을 향한 공격이다."

… 이젠 멈출 때가 됐다!

* 우울증을 이겨내는 것은 희망이다. 작은 소망의 싹은 두려움을 뚫고 앞으로 나아갈 수 있게 해 준다. 자꾸만 밀려오는 나쁜 생각을 이겨내려 하지 말고 행복해지는 생각으로 덮어 버려라.

제2장 행복한 가정을 위하여

〈에필로그〉

"우리 애는 참 저를 따랐어요. 어디서 게임 같은 걸 배워오면 아빠인 저랑 같이 하자고 졸랐었죠. 제가 보기엔 조잡하고 재미가 없는 것들이었는데 큰 눈망울로 저에게 매달리는 거예요. 같이 놀아줄 때도 있었지만 피곤하다, 바쁘다는 핑계로 거의 미뤄왔었죠. 다시 기회가 올 줄 알았던 거죠. 매번 그랬으니까요."

그런데 애가 사춘기가 오자 아이는 아빠를 멀리했습니다. 이젠 아빠가 다가가려 해도 방문을 닫아버리기 일쑤입니다.

'아, 내가 잘못했구나!'

아빠는 그때서야 한탄을 했지만 이미 때를 놓친 과거는 되돌릴 수가 없겠죠.

"아내는 절 무척 사랑했었지요. "아침마다 부부는 꼭 '사랑해'라고 말하고 스킨십을 해야 한다"며 늦었다고 빨리 출근하려는 저를 안고서 포옹을 해 줬었지요. 제가 퇴근 후 집 앞에 다다르자 아파트 위층에서 "여보~"라며 손을 흔드는 거예요. 제가 퇴근할 시간이 되자 쭉 밖을 보고 있었던 거죠. 아내는 자주 그랬습니다. 잠자기 전엔 일부러 맹맹한

콧소리를 내어 "여봉~ 여봉~"라고 할 정도로 나름 애교도 있었구요."

그런데 요즘은 남편을 대하는 아내의 모습에서 냉기가 느껴진답니다. 남편은 그때가 소중하고 좋았던 때란 걸 지금에서야 알았습니다. 잦은 모임 때문에 집에 늦게 들어가고 아내의 부탁에는 어물쩍하며, 살면서 아내의 얼굴은 몇 번이나 똑바로 봤었는지, 일단의 소회를 말하며 옛날 일을 많이 후회합니다.

요즘 남편은 후배들에게 이런 말을 하고 다닌답니다.

"아내가 손을 내밀 때 그 손을 꼭 잡아. 그게 행복이고 그게 전부야."

"결혼 전엔 남편은 무척 믿음직스러웠죠. 그래서 결혼을 했지만요. 남편은 정치에 관심이 많아요. 저에게 정치에 관한 이런저런 이야기를 하면, 저는 "집안일에나 그렇게 좀 신경써 봐!" 하며 핀잔을 주곤 했었죠. 어느 시기가 지나자 살면서 자꾸만 남편이 미워지는 거예요. 생각해 보면 남편은 다른 남성들처럼 스포츠 중계를 본다며 TV 리모컨을 독점한 것도 아니고 술을 많이 마시거나 쉬는 날마다 약속을 잡은 것도 아니었는데 말이죠. 그냥 좀더 잘해 줬으면 하는 마음였는데 그게 남편에겐 잔소리였나 봐요. 지금은 내 눈을 쳐다보지도 않아요."

아내 자신의 목소리가 커지고, 남편은 또 그런 아내의 눈치를 보고 자신감도 없어 보이는 것 같아 속상합니다. 아내는 지쳐 자고 있는 남편의 주름진 얼굴에 안타깝고 두드려져 보인 흰 눈썹 두 가닥에 안쓰럽습니다.

"그래도 남편이 힘들게 일해서 이만큼 살고 있는데 내가 왜 그리 조급했을까요? 요즘은 남편을 달달 볶지 말라는 신혼 초 친정 엄마의 말이 귓가에 맴돌아요."

　당신은 남편이 젠틀맨이길 바라시나요? 방법은 있습니다. 옛사람들의 보약 달일 때 그 마음과 메주콩이 장이 되는 그 오랜 시간 그대로를 남편에게 가져가십시오. 그 정성이라면 남편은 틀림없이 보답할 것입니다. 어때요? 그리 어려운 퍼포먼스는 아닐 거예요. 당신이 천사의 순정을 훔쳐낸다면 충분히 가능하죠.
　그러나 현실은, 차갑디 차가운 남편의 얼음 산성에 막혀 되돌아오고야 마는 메아리뿐. 결국 입만 아프고 상처 입지 않았나요? 아무리 심장이 터져버릴 것 같아도 벌써 돌아선 남편이라면 당신 마음 같지 않습니다.
　때론 운 좋게 남편이 볶아지기도 해요. 그런데 처음엔 향기 그윽한 커피향이 나더라도 굳이 또 달달 볶는다면 탄 냄새만 날 뿐입니다. 쥐어짜도 쓴맛입니다. 우린 이미 알잖아요. 그래서 시간이 걸리더라도 남편을 우려내십시오. 볶는 건 한 번이면 끝이지만 우려내는 건 몇 번이고 가능합니다. 향기는 오래가고 집안 가득 채울 것입니다.

　당신은 아직도 내조 잘하고 착한 아내를 꿈꾸시나요? 정신 차리십시오. 로또 맞을 확률입니다. 차라리 우주가 다시 수축할 때를 기다립시오. 그럼에도 여전히 현모양처에 미련을 못 버리시겠다면 당신은 그에 상응하는 큰 것을 내려놓아야 합니다.
　자, 기적적으로 당신 입맛에 맞는 아내가 됐다고 합시다. 남편에게 매달리지 않고 스스로 집안일을 척척 해 나가는 아내입니다. 그렇다면 이젠 당신이 변할 차례이군요. 당신은 가정에 올인해야 합니다. 그럴 자신이 있습니까? 다른 곳에 한눈을 팔거나 당신만의 취미생활도 안 됩니다. 당신의 모든 행위는 오직 가정의 행복에만 맞춰져야 합니다. 당신 몸도 당신 것이 아닙니다. 술과 담배를 금하는 건 물론이고 자신의 체형관리와 건강에도 신경써야 합니다. 그렇게 할 자신이 있거든 현모양처를 원하십시오. 아! 하나를 빼먹었군요. 일은 일대로 열심히 해야 합니다. 돈도 많이 벌어야 하지요.

오래 살아 본 아내일수록 이런 말을 하곤 합니다.
"난 다시 태어난다면 사랑해 주는 사람 만나서 진짜! 행복하게 살고 싶어요."
남편도 지지 않네요.
"어휴, 다음 생애가 있다 해도 절대 결혼 안 하지. 나 혼자 마음껏 살 겁니다."
맞습니다. 다음 생애엔 그렇게 사시고 이번 생애엔 어쩔 수 없이 맞춰 살아야 합니다. 서로 다른 남녀의 본능이 한편으론 사회를 발전시키고 가정을 윤택하게 했다는 점은 싫든 좋든 역사가 증명하는 사실입니다. 이것은 상대의 본능을 귀찮은 것, 심지어 '악(惡)'으로 봐서는 안 된다는 의미이기도 합니다.

'색을 입히는 중이랍니다'

가족도 아니었던 사람과 함께 한다는 것은 '누구나 겪는' 당황함이 예고된 일입니다. 사랑하면서 상하게도 하고 노력은 물거품이 되기도 하죠. 포기만 하지 마세요. 헤어지기 직전까지는 우린 여전히 가정에 색과 빛을 입히는 중이랍니다. 아직도 예쁜 색으로 덧칠할 시간과 공간은 있습니다.

그런데 다 써서 예쁜 색이 안 보인다구요? 자, 보세요. 빨강과 초록의 빛을 겹치면 노랑이 되구요. 빨강과 파랑의 빛이 만나면 자줏빛이 도는 붉은색 빛이 생겨나네요. 만약 빨강과 초록, 파랑의 빛 모두가 함께 하면 한없이 밝은 빛도 만들 수 있어요. 마음먹기에 따라 온갖 빛이 가능합니다. 어때요? 다시 색칠할 수 있겠지요?

나부터 노력해 봅시다. 변하자는 게 아닙니다. 변하는 건 고통이 따르며 꾸준히 실행하는 것 역시 어렵습니다. 그러므로 쉬운 것부터 시도하는 거죠.

억지로라도 웃으면 진짜 기분이 좋아지고 더 건강해집니다.

"고마워", "사랑해", "당신이 좋아"

닭살 돋더라도 해 보세요. 처음엔 오히려 상대가 사늘한 반응을 보일 수도 있지만 어색한 기분 빼고는 손해 볼 거 없잖아요. 소통의 시작이라고나 할까요? 봄 햇살에 눈 녹듯 차갑던 부부 관계도 차츰 따뜻해질 겁니다. 설렁한 유머나 장난도 쳐 보세요. 추운 겨울 날씨가 풀려야 나들이를 가듯 어색함이 풀려야 대화도 쉽게 할 수 있지 않나요?

'먼저 다가가세요'

상대보고 자꾸 변하라 하지 마십시오. 대신 다가가세요. 쑥스럽고 내키지 않더라도 화목한 가정을 위해선 꼭 필요한 절차입니다. 아무

말도 안 해도 됩니다. 먼저 다가가기만 하세요. 부부 간의 논쟁은 갈등 해소보다는 싸움으로 번지기 쉽다는 걸 깨달았다면 둘 중 한 명이라도 화를 참아야 합니다. 물론 당신의 의도는 그런 뜻이 아니었다지만 습관적으로 튀어나온 말은 오해를 부르기도 간혹 배우자에겐 상처가 되기도 합니다.

이젠 실천해야 할 때입니다. 만약 배우자를 이해시키기 힘들다면 서로의 차이를 차라리 인정해 버리십시오. 그리고 협상하세요. 처음 기대 그대로 행복한 가족영화로 상영될지 전쟁영화로 끝날지는 두 주인공에 달렸습니다.

배우자가 당신을 미워한다는 것은 당신을 영원히 싫어하겠다는 부정NO의 의미가 아닙니다. 지구상에서 최소 한 사람은 당신을 찾고 있다는 뜻입니다. 이제 당신이 응답할 차례입니다.

"여보, 내가 힘들어서 마음에도 없는 말을 했네. 여보 미안해."

'이 세상에서 가장 기분 좋은 행위는 포옹입니다'

당신은 아이가 가장 예쁠 때 안았던 적이 있습니까? 한창 사랑스러울 때 상대를 안았던 기억을 떠올릴 수 있나요? 그 기분, 그때로 다시 돌아가고 싶다면 포옹을 하십시오. 그러나 가볍게 안고 곧 끝내 버린다면 포옹의 효과는 미미합니다. 진정한 포옹은 상대를 끌어당긴 후에 양손으로 상대의 등을 강하게 어루만져 주는 것입니다. 그런 후 깊게 숨을 들이마시며 그 기분을 음미해 보세요. 몸의 긴장은 일순간 풀어지며 '당신도 놀랄 만한' 따뜻함이 몸 안에 감돌 것입니다.

지금 바로 포옹하세요. 나중으로 미룬다면 서로가 행복해질 수 있는 시간은 그만큼 줄어듭니다. 혹시 아나요? 나중엔 부부싸움 후에도 꼭 포옹으로 마무리 할지.

— 시작하는 데 있어서 나쁜 시기란 없다. / F. 카프카

부부로 함께 산다는 것은, 그리고 애틋한 사랑

〈장면 1〉

아내의 간섭에 아침부터 짜증이 난다. 머리가 너무 길다고, (내가 보기엔 전혀 그렇지 않은데.) 이발해라! 입고 나가는 옷이 이게 뭐냐? 이 옷으로 바꿔 입어라. 영양제 먹고 출근해라. 어찌 보면 나보다 더 나이고 싶은 아내를 두고 사는 것 같다.

용돈을 줄여 써라. (술도 내가 사는 것보다 얻어먹는 경우가 더 많다.) 보너스는 언제 나오느냐? 옆집은 이번에 더 큰 평수로 이사 간다는데, 당신은 능력이 그것밖에 안되느냐? 애들 학원을 하나 더 들어야겠다. (아! 진정 나는 돈 벌어다주는 기계인가?) 한숨만 나온다.

쉬는 날에는 우리도 인간답게 살아 보자는 아내의 소리에 차를 몰고 피크닉을 간다. 그러나 온종일 나는 아내에게 감시 받고 있는 것 같아 싫다.

남편은 왜 내 마음을 몰라주고 잔소리로만 생각하는 걸까? 사회생

활 하는 사람이 단정하게 입고 다녀야지. (배만 나와 가지고 도대체 옷맵시가 안 나요.) 양말과 속옷은 제대로 벗고 빨래 바구니에 넣어 놓으면 안 되는 건지, 이 사람은 내가 자기 뒤치다꺼리 하려 결혼했는지 아는가 보다.

가정이 있는 사람이 저녁에 일찍 들어와야지, 늦게 와서는 샤워도 안 하고 자요. 그렇게 친구들과 어울리기 좋아하는 사람이 어찌 결혼 생각은 했는지 모르겠다. 또 술은 뭐가 그렇게 좋은 건지. 자기 건강은 자기가 챙겨야지, 나 같으면 그렇게 말했으면 알아들었겠다. (이 사람은 한두 번 말해서는 그대로 따라주질 않는구만.) 나도 피곤하다.

오랜만에 가족끼리 나온 야외에서도 그렇게 담배를 피우고 싶을까? (냄새 나는 저 입으로 애들과 뽀뽀만 하기만 해봐라. 내가 가만히 있나.)

〈장면 2〉
아내가 형편상 잘 못 먹던 갈비를 친정에서 보내왔다고 저녁상에 올려놓았다. 눈물이 난다. 남들보다 많이 벌지 못한 내가 이럴 때는 한심하다.

일에 바빠 가정에 신경을 못 썼는데도 5살 먹은 애가 벌써 한글을 깨우치고 4살 먹은 바로 아래 동생은 사람 얼굴을 그린다. 그 그림엔 나도 아내 옆에 서 있다. 가끔 엄마와 전화 통화하고 있는 애를 보자니 신기하기까지 하다.

늦게 들어와 자고 있는 아내의 얼굴을 보는데 마음이 아프다. 자세히 보니 그 예뻤던 얼굴에 잡티가 많아 놀랐다. 말을 안 해서 그렇지 나를 만나서 항상 빡빡하게 사는 당신에게 늘 고맙게 생각한다.

　여름휴가 때 남들 다 가는 해외여행도 못 가고, 대신 차로 드라이브 한답시고 가까운 산과 계곡만 찾아다녔다. 알뜰 휴가 다녀왔다고, 재밌게 놀다 왔다고 아내와 애들은 내게 말했지만 난 왠지 슬픈 마음이 들었다.

　어제는 밤늦도록 부부싸움을 했다. 생각해보면 별것 아닌데도 내가 남편을 너무 닦달했나 보다. 잠을 별로 못 자 피곤할 터인데 일하러 나가는 남편의 뒷모습에 갑자기 미안한 마음이 욱한다.

　집에 세탁기가 말썽이다. 퇴근하고 집에 온 남편에게 부탁했다. 몇 번 손을 보더니 다시 잘 돌아간다. 어제는 전구도 하나 갈았다. 이래저래 집안에는 남편이 있어야 든든하다. 그런데 남편의 손을 보니 여기저기 작은 흉터가 있다. 순간 가슴이 뭉클하다. 내 몸 구석구석은 신경을 쓰지만 정작 남편의 몸엔 무심했던 나에게 화가 났다.

　요즘엔 남편이 승진하기 위해 휴일에도 공부해야 한다며 그토록 좋아하던 주말 낚시도 접었다. 난 그렇게 바쁜 남편을 이끌고 쇼핑하러 나왔다. 정말 오랜만에 간 백화점이었다. 마음에 든 녹색 구두가 있었다. 스타일도 세련되고 예뻤다. 하지만 가격이 마음에 걸려서 아이쇼핑으로 만족하고 나오려는데 남편이 돈을 지불한다. 용돈도 넉넉하지 않을 터인데 나중에 알고 보니 비상금을 털었다고 했다. 그깟 구두 하나에 자꾸 망설이는 내가 안쓰러웠다나. 오늘따라 남편이 사랑스럽다.

– 행복한 가정은 미리 누리는 천국이다. / R.브라우닝

* 화가 난 배우자에게 가장 먼저 해야 할 행동은 같이 화를 내는 게 아니라, 이야기를 들어주는 일이다.⁹⁹ (배우자의 화가 풀린다면) 당신에게 가장 잘해 줄 사람은 친구도, 주의 사람도 아닌, 바로 당신의 배우자다. 내가 배우자의 비위를 맞춰 주는 게 현명하다.

남편은 뭐가 못마땅한지 아침 내내 큰 한숨과 "아이××"을 연발한다. 옆에서 듣다 못한 아내가,
"당신은 아침부터 사람 기운 빼는 데는 뭐가 있어. 그만 좀 해!"
"자기한테 그런 거 아니거든. 난 한숨도 못 쉬니?"
출근 전부터 한바탕 부부싸움이 됐다. 급기야 아내는 출근하는 남편 뒤에 대고,
"×××"
아차 싶었다. 하지만 한번 내뱉은 말, 저만치 가고 있는 남편이 못 들었을 거라 생각한다.
남편은 친구와 술 약속을 잡아 버렸다.
"내가 술 한잔 살게. 오늘 저녁에 보자."
일이 잘 안 풀려 혼잣말을 한 것인데 시비 거는 아내 때문에 스트레스가 더 쌓인다. 퇴근 무렵 남편은 집으로 향할까, 친구를 만날까 아직 정하지 못했는데..

에필로그

한두 시간 후 현관문이 열리고 남편이 들어온다. 애들이 공손히 인사하듯 남편은 두 손을 모으고 웃으면서,

"×××왔습니다."

아내의 얼굴이 밝아지면서 같이 웃었다. 남편은 친구에게 전화를 건다.

"어이~ 친구, 미안해. 오늘 말고 다음에 술 먹으면 안 될까?"

모처럼 공짜 술을 생각했던 그 친구는 전화를 끊고서 내뱉듯 투덜거린다.

"×××"

다음날 아내는 싫다는 남편 손을 잡고서 요즘 시크^{chic}한 투블럭컷을 해 주겠다며 미장원에 데리고 갔다.

가장 친한 친구는 배우자다. 친구들이 싸우고 화해하듯 부부도 마찬가지다. 먼 훗날, 세월의 때를 벗겨내면 추억만 남는다. 여러분은 부부 사이에 어떤 것들이 남아 있길 원하는가?

상호 간의 이해가 없는 대화는 서로가 벽보고 말하는 것과 같다. 남편은 새장 밖의 날갯짓을 원하고 아내는 가정 내 지휘자란 걸 서로가 인정해야 한다. 결혼생활이란 이인삼각^{二人三脚} 경기라 했다. 현실을 직시하고 보조를 맞출 때만이 넘어지지 않고 행복한 미래에 다가갈 수 있다.

- 그대가 사랑을 거부한다면, 그대도 사랑으로부터 거부당하리라.

/ 테니슨

⟨색인⟩

원초적 차이

8 남자들은 성공 하나만으로도 쉼 없이 달릴 수 있고 성취의 단 맛은 그 무엇과도 바꿀 수가 없지만, 여자들은 자신이 사랑 받고 온전히 보호받고 있다고 느낄 때 가장 큰 행복으로 여기며 살아간다. - 28

13 남자는 현 상황의 어려움을 숨기는데 반하여, 여자는 힘든 상황을 과장하여 표현한다. - 36

16 '본능적 관점에서의 LOVE'란, 남성에겐 '휴식의 일부'이고 여성에겐 '생존의 안전판' 역할이다. - 43

18 남자의 사랑은 속도를 내면 금방 목표지점에 도달할 수 있다. 반면 여자의 사랑은 목표에 도달하기까지 시간이 걸린다. 사랑이 식을 때도 마찬가지다. - 45

19 여자의 불씨가 완전히 꺼진다면 남자가 어떤 노력을 기울여도 여자의 마음을 되돌리기는 거의 불가능하다. - 45

26 갈등이 커질수록 남자들은 그 상황을 매우 싫어하며 그 자리를 피하고 싶어한다. 그러나 여자들은 갈등이 반복될수록 남자에게 공감해 줄 것을 더 요구한다. - 56

결혼이란?

1 숭고한 '아가페적 사랑'은 주로 한쪽의 희생만을 가리키는 바, 서로 다른 욕구가 강한 이성異性 사이에서는 처음부터 불가능한 숙제였음이리라. - 16

9 '행복한 가정'은 서로 모순되는 부부 간의 주장을 얼마나 조화롭게 처리할 수 있냐에 따라 달려 있다. 애초에 결혼이란? 이기심 많고 자유롭고 싶은 남성과 이타적이면서도 보호받고 싶은 여성 간의 불완전한 결합이다. - 30

34 남편은 비서 같은 아내를 바라고 아내는 보디가드 같은 남편을 원하지만, 비서는 수행하는 일이라 비서가 보호 받는다는 것은 어울리지 않는다. 역으로 생각해 봐도 마찬가지다. 이렇게 결혼은 서로가 맞지 않는 사람끼리의 결합이다. - 68

38 부부 사이 불협화음은 그 누가 됐든 이질적인 본능의 차이로 꿈틀거리고, 행복의 보증이 되어야 할 결혼이란 제도는 역설적으로 서로를 마음껏 미워할 수 있는 완벽한 틀을 제공한다. - 70

39 여자들에 있어 결혼이란 제 2의 인생인 가정을 꾸려야 하는 대사大事이기에 당연히 신중할 수밖에 없다. - 75

40 결혼 후에도 상대를 이해해 줄 수 있다는 마음의 준비가 됐다면 그때 결혼을 결심하는 게 좋다. - 79

41 최고의 신붓감은 착한 여자, 최고의 신랑감은 성실한 남자 - 79

98 남성들은 결혼함으로써 여성에 대한 성性적 소유는 실현이 되므로, 역설적으로 (결혼 전 다짐에도 불구하고) 가정에 헌신할 의지가 줄어들게 된다. 반면에 자신과 가족의 행복이 최대 목표인 여성들은 결혼 후 남편의 희생을 더 요구한다는 점에서, 결혼이란 남녀 갈등의 본격적인 출발점이다. - 215

결혼 후

2 아내는 남편과 가정을 말하는데, 남편은 일과 자신을 말하네요. 이렇듯 관심이 다르니 불만도 다른 거지요 - 17

7 맞벌이를 하는 부부든 그렇지 않든, 남편의 삶의 방향은 사회로 향해 있고 아내의 주 근거지는 가정이다. - 28

14 아내가 집안일에 남편의 도움을 청하는 것들 대부분은 남편에겐 절실하지 않다. 안타깝게도 '가정은 주 관심사가 아니야'라고 남편의 유전적 본능이 속삭인다. - 37

17 가정에 더 헌신하라는 아내의 요구는 남편에게 가당치 않는 말이 되고, 자유 시간을 더 달라는 남편의 요구 또한 아내에겐 용납하지 못할 일이 되고 만다. - 43

24 옳고 그름을 구분 짓고 싶어하는 남편의 대화법과 관심과 동의가 주목적인 아내의 대화법은 평행으로 달리는 철로와도 같다. - 53

33 남편들 화anger의 9할은 자신과 관련 있는 반면, 아내들 화의 9할은 가정 문제 때문이다. - 67

36 남편은 자신이 믿는 행복을 밖에서 구하려 하지만, 아내는 남편과 같이 가족 내에서 행복을 찾으려 한다. - 69

44 남자는 결혼 전부터 인생의 계획서를 작성하지만, 여자는 결혼 전후로 인생의 계획서를 다시 짠다. - 86

53 남녀 사이 오랜 본능의 차이 때문에 남편은 아내의 바람대로 따라주지 않고, 아내는 남편이 원하는 대로 움직여 주지 않는다. - 104

62 남편은 자신의 일이 아내에게 존중받기를 바라고 아내의 뒷받침을 원한다. 한편 아내는 가정에 쏟은 자신의 헌신에 대해 남편이 인정해 주고 사랑으로 보상받길 원한다. - 116

64 부부가 잠자리를 소홀하게 대하는 가장 큰 이유는 예전의 사랑이 식어서이다. - 118

72 우리는 업무상 파트너에게는 합리적으로 대하면서도 부부 간에는 그렇지 못하다. - 135

남자 본능

5 남자를 이해하는 키워드는 '사냥'과 '휴식'이다. - 27

21 여자를 향한 남자의 사랑이 식는 이유는 둘 중 하나다. 하나는 곁에 있는 여자에게서 호기심이 바닥났을 때이고, 다른 하나는 남자의 일이 뜻대로 되지 않아서 여자에게 멀어지고 싶을 때이다. - 49

25 남자들은 꼭 필요한 말만 건넨다. 곁에 있는 이성에 대한 호기심이 떨어지자 (대화에 집중함으로서 소비되는) 에너지를 아끼려는 남자들의 자연스런 본능이다. - 56

28 남자들에게는 '침대는 잠자기 위한 장소'일 뿐이다. 'TV가 켜진 상태라면 대화보다 시청하는 게 우선'이다. 원시시대 때 사냥을 위해 창을 만들었듯 도구는 쓰임새에 따라 사용되어져야 한다고 믿고 있다. - 58

47 처음 만난 남자에게 여자의 최고의 무기는 외모이다. 젊고 예쁜 여자라는 점만으로도 남자를 사로잡을 수 있다. - 101

55 남자들은 자신이 의도하는 일에는 전광석화와 같은 빠른 결정을 내리고 적극적이다. 원시시대부터 습득된 학습효과이다. 짐승이나 적 앞에서 머뭇거리다간 자신의 목숨이 위험했기 때문이다. 하지만 계획하지 않은 일에는 망설인다. - 108

60 남자들의 머릿속에는 주로 사회적 성공에 대한 미련이나 계획 등이 담겨 있기에, 지금 활동하는 데 문제가 없다면 건강이나 가정은 우선순위가 아니다. - 114

색인
237

78 남자들은 자신에게 거의 모든 걸 바라기만 하는 여자에게는 거부감을 갖는다. 왜냐하면 남자의 가장 큰 바람은 성공이고 관심사는 사회에 더 많은데, 여자의 요구만 들어줄 수가 없기 때문이다. - 148

남편 본능

10 남편을 향한 아내의 명령조 말투는 그들을 자극시킨다. - 34

12 남편에게는 아내와의 대화는 우선순위가 아니며 오히려 동료와의 관계를 더 좋게 유지하려 힘쓴다. - 36

35 남편이 아내에게 가지고 있는 불만 대부분은 가정만 최우선으로 하는 아내의 사고방식 때문에 생긴 문제이다. - 68

37 남자들의 꿈은 사회에서 인정받는 거고, 안타깝게도 가정에는 남편의 호기심을 자극할 만한 것이 거의 없다. - 69

52 남편은 아내가 챙겨주는 걸 항상 좋아하는 건 아니다. 오히려 아내의 입장에서 도와준다는 것이 남편에게는 간섭으로 느껴지기도 한다. - 104

56 남편은 부부싸움도 혼자서 마무리하려 한다. 혼자서 마음껏 정리하고 해결했다고 착각한다. - 110

63 남편들은 아내의 단 한 번의 외도에도 분노하고 당장 이혼할 수가 있다. 남자에게 있어서 가정이란 깨지면 안 되는 절대적인 것이 아니기 때문이다. - 117

65 남자가 정신을 집중해야 할 곳은 여성이 아닌 일터이므로 한정된 에너지를 일에 쏟길 원한다. - 124

여자 본능

6 여자를 이해하는 키워드는 '의존'과 '가족'이다. - 27

20 대중의 관심을 끄는 명품이나 유행을 선도하는 패션 상품이 여자들의 주목을 받는 이유는 이렇다. 사랑을 하거나 받기 위해서는 아름다워져야 유리하기 때문이다. - 47

42 여자들은 자신의 남자를 남들과 자꾸 비교한다. 원시시대부터 남자의 능력은 자신의 삶의 질을 결정짓는 척도였기 때문이다. - 85

54 여자의 사랑은 남자의 관심을 먹고 자라고 남자가 믿음을 줘야 결혼을 생각한다. 남자의 매력은 선택사항일 뿐이다. - 106

아내 본능

11 아내들은 인간관계나 사회생활도 가족을 중심으로 돌아가길 바란다. - 36

15 최근 아내의 섹스 요구가 잦다는 것은 아내가 남편에게 더 기대려는 표현일 수 있다. - 41

23 아내가 황혼 이혼을 선택한 가장 큰 이유는 같이 살아오면서 그때까지도 남편이 아내 입장에 서 있지 않았기 때문이다. '아내를 외롭게 만들었다.' - 53

29 아내들에겐 남편에 대한 애정이 식은 후라도 '가정 지킴'이라는 본능은 그대로'다. 그래서 TV 앞에서나 침대 위에서도 그녀들에겐 부부 사이의 대화는 중요하다. - 59

30 만약 아내도 더이상 남편과의 대화를 시도하지 않는다면 이별을 준비하는 또 다른 차원으로 전개될 수 있음을 암시한다. - 63

색인

45 아내들은 남편을 자신과 동일시하는 경향을 보이며 자신의 말을 끝까지 듣고 남편이 공감해 주길 바란다. - 86

51 아내보다 다른 사람에게 더 신경을 쓰고 가정보다 다른 일에 시간을 더 내는 남편에게 아내는 화가 난 것뿐이다. - 103

57 부부싸움 후에도 아내는 남편의 관심을 받고 싶어한다. 여자는 자신이 사랑받고 있을 때 비로소 존재감을 느끼기에, 남편의 기분은 아내에게 첫 번째 고려 대상이 아니다. - 112

59 아내들은 남편이 관심을 두고 있는 일도 그로 인해서 행복한 가정 만들기에 장애가 되지 않을까 염려한다. - 113

61 아내는 남편에게 실망하거나 기대가 무너졌을 때 쉽게 화를 내는 경향이 있다. 그 일이 남편에게는 사소하거나 화를 낼만한 일이 아니더라도 말이다. 남편은 억울하겠지만 안타깝게도 판단은 아내의 몫이다. - 115

71 여성의 에고이즘은 가정의 이익을 잣대로 선악을 구분 짓고 생각한다는 점이다. - 131

77 가정을 지키는데 장애와 불안이 해소될 때까지 아내들은 자신의 주장을 반복하는 경우가 많다. - 142

81 아내의 잔소리는 당신하고 끝내자는 말이 아니다. 아직도 당신에게 관심이 있고 당신이 지금보다는 좀더 나아졌으면 하는 아내의 바람일 뿐이다. - 153

85 아내는 집안의 지휘자가 되고 싶어한다. 대부분의 아내들은 주도적으로 결정하고 이에 가족이 따라주길 원한다. - 159

부부 갈등

3 부부에게는 서로가 가장 쉬운 상대이기 때문에 다른 사람에게는 못할 막말을 하곤 합니다. - 20

22 언쟁이 길어질 때 "이제 그만 하자!"는 애원에 가까운 남편의 말이 아내의 귀에 들어올 리 없다. - 52

27 남편들에겐 아내와의 대화도 길어지면 잔소리가 되고, 특히 반복되는 아내의 말은 자신을 공격하는 것으로 느낀다. 한편 아내들은 남편의 논리적인 반박에도 자신의 잘못을 잘 인정하지 않는다. - 57

31 남녀 간의 갈등은 사랑의 끝이 아니라 아직도 사랑이 현재진행형이라는 것을 의미한다. - 64

32 아내는 남편이 자신에게 관심을 덜 가져준 것에 대해 서운하고, 남편은 아내가 자신을 통제하려 한다는 생각 때문에 힘들어 한다. 남편은 아내 때문에 자신이 하고 싶은 일이 방해받을 때 화가 나고, 아내는 남편으로 인해 자신의 바람대로 가정이 돌아가지 않을 때 화를 낸다. - 67

43 부부 갈등의 근본적인 이유는 서로가 다른 곳을 보고 있기 때문이다. 즉 아내는 가정생활을 기준으로 남편을 판단하지만, 남편은 자신의 일을 중심으로 행동하기 때문이다. - 85

58 여자들이 원하는 인생의 큰 가치는 행복한 가정이기에 남편이 가정에 소홀히 한다면 아내는 밤새워 부부싸움을 할 수 있지만, 남편에게는 다음 날 일하는 것이 더 중요하기 때문에 문제가 해결이 안 되더라도 대화를 길게 하질 못한다. - 112

67 아내의 끝없는 잔소리는 원폭 방사선에 노출된 것처럼 상대의 살을 파헤치고 정신을 피폐하게 하는 위험한 짓이다. 그런데 아내를 잔소리꾼으로 만든 것은 바로 아내를 외면했던 남편의 과거이다. - 126

70 부부 간의 다툼이 있을 때에도 배우자는 서로 다른 관점에서 그 문제에 접근하며 해결 방식도 각자 자신의 본성에 바탕을 둔다. 그리고 자신이 원하는 것이 좌절될 때 배우자가 생각하는 이상으로 화를 낸다. - 130

74 부부싸움이 잦다고 그때마다 꼭 다른 이유가 있는 건 아니다. 응어리진 예전의 일들이 튀쳐나오곤 한다. 잦은 부부싸움의 근간에는 서로에 대한 불신이 크기 때문일 것이다. - 139

남편 노력

68 지금 아내의 화난 감정을 인정해 주는 것만으로도 아내의 화는 많이 풀린다. - 127

84 아내는 선물의 개수로 남편을 평가하지 않고 매너 있고 다정다감함을 원한다. 남편이 아내의 말에 귀를 기울이고 조금의 관심만 가져도 불행한 가정의 9할은 치유될 것이다. - 159

아내 노력

50 다행히도 남편의 호기심이 완전히 사라진 것은 아니다. 남편은 전과 다른 아내의 모습에 호기심을 느낄 수 있다. 그렇지만 겉보다는 내용이 달라져야 한다. - 102

69 남편이 가정보다 다른 일에 빠져 있다 하더라도 아내가 처음부터 급제동을 건다면 남편은 멈추는 게 아니라 튕겨져 나갈 것이다. - 127

83 내 남편은 모든 걸 귀찮아 한다가 아니라, 일을 마친 당신의 남편은 먼저 쉬길 원할 뿐이다. 남편에겐 쉴 수 있는 시간과 공간을 줘 보자. - 156

부부 노력

4 부부는 타인인데다 남녀라는 본질적 차이까지 존재하므로, 당신이 평생의 친구관계를 유지하는 것 이상으로 더한 노력이 필요 - 21

46 표면에 가려졌지만 짙게 깔려 있을 두려움의 밑까지 봐야 한다. 그리고 그 두려움을 보고 이렇게 말한다.
"난 영원히 당신 편이야." - 87

48 갈라설 때라도 예의는 지켜야 한다. 하물며 같이 살고 있을 때는 두말할 나위가 없다. - 102

49 본인도 어찌할 수 없고 쉽게 고쳐지지 않은 본능을 배우자가 막 고치려 하면 안 된다. 오히려 갈등이 커질수록 상대의 본능과 성격을 이해하려는 노력이 필요하다. - 102

66 배우자가 힘들고 지쳤을 때 최고의 위로는? 힘든 이가 남편이라면 그에겐 손수건을 건네주는 것이고, 아내가 지쳤을 땐 다가가서 안아주는 거다. 사랑은 자기 식으로 표현하는 게 아니고 상대가 원하는 방식일 때야 빛이 난다. - 125

73 상대를 있는 그대로 인정해 주는 게 바람직한 인간관계의 시작이라면, 상대에 씌웠던 미움을 거두는 것은 관계 회복의 필요조건이다. - 138

75 남편에게는 자신의 능력과 일에 대한 아내의 신뢰가 가장 큰 힘이 되고, 아내에게는 자신을 지지해 주는 남편의 믿음직스러움이 가장 큰 사랑으로 다가온다. - 140

76 바람직한 부부 관계는 머리로 계산하지 않고 가슴으로 받아들이는 것이다. - 142

79 원하는 옛날 모습만으로 되돌리려고 고집하는 것은 어리석은 짓이다. 세상이 변하듯 배우자도 변한다. -150

80 장작이 타들어가야 환한 불빛을 내듯이 누군가는 먼저 주는 사랑이 뒷받침되어야 행복한 가정의 선결 조건이 된다. -151

82 남편은 가정불화 때문에 하고자 하는 일이 방해받을 것을 염려하고, 아내는 가정의 미래를 위해서는 남편의 참여가 꼭 필요하기에 큰 부부싸움 후에도 곧 화해에 이른다. -155

86 당신을 대하는 배우자의 말이 계속 거칠다면 당신을 미워한다는 뜻이다. 당신 기준에서 판단하지 말고 배우자의 입장에서 어떤 잘못을 했는지 생각하라. -177

87 지는 거라 생각하니 사과하거나 먼저 내려놓기가 어려운 법이다. 내가 먼저 다가서면 상대의 화도 반쯤 풀린다. 그 때 타협하기도 좋다. -181

88 상대가 그 전의 잘못된 행동에 개선이 부족하더라도 지나간 일에 다시 비난하는 것은 상대를 향해 도발하는 멍청한 짓이다. -183

89 상대가 화났을 때 그의 말투가 중요한 게 아니다. -183

90 말머리에 '너'를 두고 말을 이어가지 말고, '나'를 앞에 두고 나의 상태를 말한다. -186

91 정 아니다 싶으면, 배우자에게 악담만 퍼붓는 것보단 차라리 벽을 보고 "악~"하고 소리를 질러라. 이게 천 번 만 번 낫다. -189

92 글이란 말보단 한 번 더 생각하여 옮기니 덜 거칠다. 자신의 의지와 상관없이 배우자의 큰 소리에 무방비로 노출되는 것보다는 활자로 된 글을 스스로 보고 읽으니 배우자의 마음을 이해하기도 쉽다. -191

93 지금 겪고 있는 고통의 대부분은 물질로 인한 피해보다 성숙하지 못한 정신적 사고로 생겨난 것이다. - 195

94 '서로 다름'을 "너가 틀리다!"로 말하지 말라. - 196

95 분위기 있는 데이트는 첫 만남 때의 설레는 마음을 되찾는 데 도움이 된다. - 197

96 남편의 본성은 '집은 휴식의 공간' 즉 편안한 곳이었으면 하는 바람이지만 가정의 행복을 위해선 '집에서도 남편의 참여가 필수'란 아내의 본성 때문에, 누차 말하지만 가정이란? 부부 간에 하나를 주고 하나를 얻어야 하는 협상의 공간이다. - 202

97 헤어지기 직전까지 서로에 대해 미련이 없는 부부는 없다. 당신의 배우자도 마찬가지다. - 213

99 화가 난 배우자에게 가장 먼저 해야 할 행동은 같이 화를 내는 게 아니라, 이야기를 들어주는 일이다. - 231

왜
사랑하고
헤어질까?

남녀가 꼭 알아야 할 99가지

박평식

| 인 쇄 | 2017년 4월 25일 |
| 발 행 | 2017년 5월 1일 |

| 지은이 | 박평식 |
| 발행인 | 서정환 |

펴낸곳	신아출판사
주 소	전라북도 전주시 완산구 공북 1길 16
전 화	(063)275-4000 · 0484 · 6374
이메일	sina321@daum.net
출판등록	제475-1984-000004호
인쇄·제본	신아출판사

저작권자 ⓒ 2017, 박평식
이 책의 저작권은 저자에게 있습니다. 서면에 의한 저자의
허락없이 내용의 일부를 인용하거나 발췌하는 것을 금합니다.

COPYRIGHT ⓒ 2017, by Park Pyeongsik
All right reserved including the rights of reproduction in
whole or in part in any form.

ISBN 979-11-5605-423-8 03800
값 15,000원

이 도서의 국립중앙도서관 출판시도서목록(CIP)은 서지정보유통지원시스템 홈페이지
(http://seoji.nl.go.kr)와 국가자료공동목록시스템(http://www.nl.go.kr/kolisnet)에서
이용하실 수 있습니다. (CIP제어번호: CIP2017010013)

Printed in KOREA